高等院校立体化创新经管教材系列

供 应 链 管 理

仝新顺　王便芳　主　编
刘会新　刘　舒　副主编

清华大学出版社
北京

内 容 简 介

本书共分 12 章，首先分析了 21 世纪市场竞争环境的基本特征，尤其是突如其来的新型冠状病毒性肺炎在全球肆虐对供应链的深刻影响，并从供应链管理导论入手，指明了供应链的产生背景、发展历程、战略价值。然后以供应链管理基本业务为主线，系统阐述了供应链的设计、合作伙伴选择、采购管理、生产管理、库存控制、物流管理、信息管理、成本控制、绩效评估等基本理论和作业实务。最后又站在供应链安全与稳定的高度，解读了优化供应链管理的方法和工具，以及风险管理等内容，致力于增强供应链自主可控能力。

本书可用作高等院校供应链管理、物流管理、物流工程、工商管理、电子商务、工业工程、市场营销等相关专业本科生和研究生的教材或教学参考书，也可作为高等职业教育、中高级物流管理和采购管理专业人才的培训教材，还可作为企业管理人员的参考书。

本书封面贴有清华大学出版社防伪标签，无标签者不得销售。
版权所有，侵权必究。举报：010-62782989，beiqinquan@tup.tsinghua.edu.cn。

图书在版编目(CIP)数据

供应链管理/仝新顺，王便芳主编. 一北京：清华大学出版社，2021.7(2025.3重印)
高等院校立体化创新经管教材系列
ISBN 978-7-302-58397-4

Ⅰ. ①供… Ⅱ. ①仝… ②王… Ⅲ. ①供应链管理—高等学校—教材 Ⅳ. ①F252.1

中国版本图书馆 CIP 数据核字(2021)第 116697 号

责任编辑：陈冬梅
封面设计：刘孝琼
责任校对：李玉茹
责任印制：曹婉颖

出版发行：清华大学出版社
网　　址：https://www.tup.com.cn, https://www.wqxuetang.com
地　　址：北京清华大学学研大厦 A 座　　邮　编：100084
社 总 机：010-83470000　　邮　购：010-62786544
投稿与读者服务：010-62776969, c-service@tup.tsinghua.edu.cn
质量反馈：010-62772015, zhiliang@tup.tsinghua.edu.cn
课件下载：https://www.tup.com.cn, 010-62791865

印 装 者：三河市君旺印务有限公司
经　　销：全国新华书店
开　　本：185mm×260mm　　印　张：16.25　　字　数：395 千字
版　　次：2021 年 8 月第 1 版　　印　次：2025 年 3 月第 3 次印刷
定　　价：49.80 元

产品编号：092414-01

前　言

21世纪是供应链与供应链竞争的时代。中国共产党第十九次全国代表大会报告指出，要在现代供应链、创新引领、绿色低碳、共享经济等领域培育新的增长点，形成新动能。这是党中央首次提出现代供应链的概念，标志着现代供应链正式上升为国家战略。特别是，2020年的新型冠状病毒性肺炎疫情肆虐造成的产业链供应链安全与稳定问题引起全球关注，"十四五"开局的2021年我国更是把"增强产业链供应链自主可控能力"作为一项重点工作。2021年1月22日，中国物流与采购联合会副会长任豪祥在接受央视采访时指出，今后三年我国供应链人才需求数大概有430万的缺口，并强调目前我国的供应链人才培养还处于启动阶段，需要发挥社会方方面面的力量来尽快解决我国供应链人才短缺的问题。

供应链管理课程既是供应链管理、物流管理、物流工程、工业工程专业的核心课程，也是电子商务、工商管理和市场营销等专业的主干课程，通过对本课程的学习，学生可对供应链管理有一个整体的认识，能够了解供应链管理的基本原理和运作实务，具备供应链管理创新应用的相关技能。

本书融系统性、新颖性、丰富性和应用性于一体，突出创新、协调、绿色、开放、共享的供应链特征，注重理论联系实际，致力于学生知识面的拓宽和能力提升。总结起来，其特点有以下几个。

(1) 编写主线清晰。本书从战略角度出发，以供应链管理基本业务为主线，力求体系完整，结构合理。

(2) 理论与实践相结合。本书在选取内容时，参阅了大量相关文献和最新前沿成果，在此对相关作者深表感谢。特别是在案例选择上，以本土案例为主，并尽可能选自不同的供应链领域。

(3) 体系结构科学合理。每章包括"学习要点及目标""核心概念""引导案例""本章小结""复习思考题""讨论案例"等，在对内容系统整合的同时，考虑到本书的读者特点，有意识地减少了某些章节在纯技术上的难度。

(4) 载体和配套内容丰富多样。除出版纸质教材外，本书还配有PPT课件、学习指导和测试题。

本书由仝新顺、王便芳两位教授担任主编，具体分工如下：第一、第二章由郑州轻工业大学仝新顺编写，第三、第十二章由郑州轻工业大学王便芳编写，第五、第十章由郑州大学刘会新编写，第九、第十一章由河南工学院田丽编写，第四、第六章由河南财经政法大学吴胜编写，第七、第八章由郑州工商学院刘舒编写。仝新顺负责全书结构的策划和最后的统稿工作。赵瑞祥、徐雅洁参加了相关内容的研究和电子教案制作，并为本书提供了大量有价值的资料，在此一并致以衷心的感谢。本书的出版也受益于郑州轻工业大学物流管理专业获批2020年度国家级一流本科专业建设点(教高厅函〔2021〕7号)的立项资助。

主编仝新顺教授主讲的"供应链管理"课程，2020年7月获评河南省本科教育线上教学优秀课程一等奖(教高〔2021〕265号)，特别感谢郑州轻工业大学、中原科技学院、郑州工商学院的支持与帮助，在此表示衷心的感谢！

由于编者水平有限，书中难免有疏漏之处，恳请各界专家、学者批评指正，以使其日臻完善。

编　者

目 录

第一章 供应链管理导论 1
    第一节 供应链概述 2
        一、供应链产生的经济背景 3
        二、供应链的概念 4
        三、供应链概念的发展历程 8
    第二节 供应链管理概述 8
    第三节 供应链基础理论 10
        一、传统管理模式的局限性及弊端 10
        二、供应链的特征 11
        三、供应链中的"三流" 12
    第四节 供应链管理 13
        一、供应链管理的概念、内容和本质目标 13
        二、供应链管理的方法、原则与步骤 14
    本章小结 17
    复习思考题 18

第二章 供应链设计 20
    第一节 供应链设计概述 21
        一、供应链设计的基本内容和原则 .. 21
        二、供应链设计策略 25
        三、供应链设计的方法和工具 26
    第二节 供应链流程设计 27
        一、流程管理及流程设计概述 27
        二、供应链流程管理及流程设计 29
    第三节 供应链网络设计决策的内容 32
        一、影响供应链网络设计决策的因素 32
        二、供应链节点的决策内容 33
        三、供应链设计步骤 33
    本章小结 35
    复习思考题 35

第三章 供应链合作伙伴关系 38
    第一节 供应链合作伙伴 40
        一、供应链合作伙伴产生的背景 40
        二、供应链合作关系的含义及特征 41
        三、供应链合作伙伴的类型 43
        四、供应链合作伙伴关系的目标 44
    第二节 供应链合作伙伴选择 45
        一、供应链合作伙伴选择的标准 45
        二、供应链合作伙伴选择的原则 47
        三、供应链合作伙伴选择的方法 48
        四、供应链合作伙伴选择的步骤 49
    第三节 供应链合作伙伴关系的建立 51
        一、供应链合作伙伴关系的制约因素及问题 51
        二、供应链合作伙伴关系的改进对策 53
    第四节 供应链合作伙伴的评价与管理 55
        一、供应链合作伙伴选择的评价指标体系 55
        二、供应链合作伙伴的管理 56
    本章小结 59
    复习思考题 60

第四章 供应链采购管理 62
    第一节 采购概述 63
        一、采购的概念 63
        二、采购的范围 63
        三、采购的基本原则 66
        四、采购对企业的重要性 67
        五、采购的基本流程 68
    第二节 准时采购 71
        一、准时采购概述 71
        二、准时采购的特点 72
        三、实施准时采购的目的 74
        四、实施准时采购的步骤 74
        五、准时采购的原理与方法 76

六、供应链环境下的准时采购策略.....77
第三节　全球采购.....79
　　一、全球采购概述.....79
　　二、全球采购的现状.....80
　　三、全球采购的特点.....80
　　四、全球采购发展的原因.....82
　　五、全球采购的流程.....83
　　六、全球采购对我国经济的影响.....84
本章小结.....85
复习思考题.....85

第五章　供应链生产管理.....88

第一节　生产管理概述.....89
　　一、供应链中的生产管理特点.....89
　　二、供应链管理环境下生产管理的要求.....90
第二节　供应链中的生产组织.....92
　　一、大规模定制.....92
　　二、产品平台与模块化设计.....93
　　三、延迟制造.....95
　　四、准时制生产.....97
第三节　供应链中的生产计划制订.....99
　　一、在供应链内部同步计划.....99
　　二、供应链综合计划.....101
　　三、供应链的供给和需求计划.....104
第四节　供应链中的生产控制与协调.....105
　　一、生产进度控制.....105
　　二、供应链的生产节奏控制.....105
　　三、提前期管理.....106
　　四、库存控制和在制品管理.....106
本章小结.....106
复习思考题.....106

第六章　供应链库存控制.....109

第一节　库存管理概述.....110
　　一、库存概述.....110
　　二、库存管理概述.....116
第二节　供应商管理库存.....123
　　一、供应商管理库存的概念.....123

　　二、实施供应商管理库存的意义.....124
　　三、供应商管理库存的实施.....125
　　四、供应商管理库存的基本原则.....129
第三节　联合库存管理.....130
　　一、联合库存管理的概念.....130
　　二、JMI 的流程.....131
　　三、JMI 的优缺点.....132
　　四、实施 JMI 的前提条件.....133
　　五、JMI 给企业库存管理带来的优势.....133
本章小结.....134
复习思考题.....134

第七章　供应链物流管理.....137

第一节　物流管理的基本概念.....137
　　一、物流的概念.....137
　　二、物流与物流管理.....138
　　三、物流概念的历史沿革.....138
　　四、物流的分类.....139
第二节　企业物流管理.....140
　　一、物流管理战略.....140
　　二、物流管理战略的框架.....141
　　三、企业的全球供应链管理网络系统.....142
第三节　供应链中的物流组织与管理.....143
　　一、供应链物流组织模式.....143
　　二、供应链物流组织模式的评价指标.....143
　　三、供应链系统中企业物流管理的不足之处.....144
　　四、供应链管理模式下的企业物流管理创新.....145
第四节　物流业务外包.....146
　　一、物流外包的内涵.....146
　　二、物流外包的优势分析.....147
　　三、物流外包失败的根源.....148
　　四、物流外包成功的关键因素.....148
第五节　第三方物流与第四方物流.....149
　　一、第三方物流.....149

第六章　供应链库存控制

学习要点及目标

1. 了解供应链库存管理的概念、作用、分类。
2. 掌握供应链库存成本的构成。
3. 掌握供应链库存管理的原则和方法。
4. 理解传统库存管理与供应链库存管理的区别。
5. 掌握供应商管理库存、联合库存管理的基本概念。
6. 理解供应商管理库存、联合库存管理的原理、特点。

核心概念

库存　库存管理　供应商管理库存　联合库存管理

【引导案例】

美的的供应商管理库存战略

美的公司的前身是创办于1968年的一家乡镇企业，1980年正式进入家电业，1981年开始使用美的品牌。目前美的公司是以家电业为主，涉足房产、物流等领域的大型综合性现代化企业集团，是中国最具规模的白色家电生产基地和出口基地。美的集团一直保持着健康、稳定、快速的增长，2019年全年营业收入2782亿元，居中国家电行业第一位。

从历史资料来看，美的的发展并非一帆风顺。在降低市场费用、裁员、压低采购价格等方面，美的频繁变招，其路数始终围绕着成本与效率。在供应链这条维系着空调企业的生死线上，美的更是动作不断。据业内统计数据，全国厂商估计有700万台空调库存。长期以来，美的空调一直自认为成绩不错，但是依然至少有5~7天的零部件库存和几十万台的成品库存。

在强敌如云的市场中，这一数字仍然不能让美的熟寐。相对其他产业的优秀标杆们，这一存活水准甚至有些让人"汗颜"。例如，戴尔等跨国公司的供应链管理就让美的大为赞叹，在厦门设厂的戴尔，自身并没有零部件仓库和成品仓库。零部件实行供应商管理库存(VMI)，成品则完全是订单式的，用户下单，戴尔就组织送货。

实行VMI的并不仅仅是戴尔等国际厂商，海尔等国内家电公司也开始有了动作。有了戴尔的标杆和海尔的压力，美的在2002销售年度也开始导入供应商管理库存。美的成为供应链里面的"链主"，供应商则追求及时供货(JIT)。对于美的来说，较为稳定的供应商共有300多家，零配件(出口、内销产品)加起来一共有3万多种。60%的供应商是在美的总部顺德周围，还有部分供应商是车程3天以内的地方，如广东的清远一带，只有15%的供应商距离美的较远。在这个现有的供应链之上，美的实现VMI的难度并不大。

对于这15%的远程供应商，美的在顺德总部(美的出口机型都在顺德生产)建立了很多仓库，然后把仓库分成很多片。运输距离长(运货时间3~5天)的外地供应商一般都会在美的这个仓库租赁一个片区(仓库所有权归美的)，并把零配件放到片区里面储备。美的需要用到这些零配件的时候，就会通知供应商，然后进行资金划拨、取货等工作。这时，零配件的产权才由供应商转移到美的手上，在此之前，所有的库存成本都由供应商承担。

此外，美的在 ERP 系统的基础上与供应商建立了直接的交货平台。供应商在自己的办公地点就能看到美的的订单内容：品种、型号、数量和交货时间等。供应商也不用安装一整套 ERP 系统，而是通过网页的方式，登录到美的公司的页面。

原来供应商与美的每次采购交易，要签订的协议非常多。而现在进行了大量的简化——美的在每年年初时确定供应商，并签下一揽子的总协议。当价格确定下来以后，美的就在网上发布每次的采购信息，然后由供应商确认信息，一张采购订单就已经合法化。

对于美的供应商来说，实施 VMI 后，不需要像以前一样疲于应付美的的订单，只需保持适当的库存即可。美的有比较强的 ERP 系统，可以提前预告供货的情况，告知供应商需要的品种和数量。供应商不用备很多货，一般满足 3 天的需求即可。

实施 VMI 后，美的零部件库存周转率上升到 70～80 次/年，零部件库存也由原来平均 5～7 天的存货水平，大幅降低为 3 天左右，而且这 3 天的库存也是由供应商管理并承担相应成本。库存周转率提高后，资金占用率降低，利用效率提高，风险下降，库存成本直线下降，这让美的欣喜不已。

实施 VMI 的条件如下。

(1) 上下游企业之间的主从博弈关系。VMI 的核心是由上游企业来承担库存风险，而下游企业并不承担库存风险，也就是说，从上下游企业的博弈来看，是下游企业占据主导地位，在供应链中就是"链主"。

(2) 信息共享。在 VMI 下，供应商独立承担库存风险，其要求下游企业制造商或零售商共享需求信息，供应商根据需求信息制订库存补充计划。

(3) 供应商与下游企业的距离不能太远。在 VMI 下，供应商对下游企业的补货一般是小批量的，如果距离太远，一方面补货速度慢会影响下游企业的生产和销售；另一方面，小批量的运输与配送的物流成本较高。

(资料来源：https://www.sohu.com/a/234518054_818836，改编)

上述案例中，对于距离较远的供应商，美的会让它们提前将货品寄存在美的指定的仓库里，随取随用并定期付款。这是供应商管理库存模式在特定条件下的变种，业内称之为"寄售零库存"。结合美的的库存管理策略，可以发现有效的库存控制策略对调节供需，保证生产经营活动正常而有效地进行，降低企业运行成本和风险，并获得良好的经济效益，都是完全必要的。

第一节　库存管理概述

一、库存概述

(一)库存的概念

"库存"，译自英文的"Inventory"，表示用于将来目的的、暂时处于闲置状态的资源。企业已购进但尚未投入使用的原材料、外购件与尚未售出的产成品，生产中除了正在加工、运输、检验之外而处在等待状态的在制品，都处于储备状态，都属于库存。

物流管理中的库存指一切当前闲置的，用于未来的，有经济价值的资源。其作用在于：防止生产中断，稳定生产运行流程，节省订货费用，改善服务质量，防止短缺。库存也带有一定弊端：占用大量资金，产生一定的库存成本，掩盖了企业生产经营中存在的问题。

(二)库存的作用

在不同的行业和商业组织中，库存的具体方式有着天壤之别。建筑用材料如沙子和沙砾，需要较大面积的存储区域，但是通常不需要特殊的照料，而对于那些价值较高的物料如黄金和钻石，则不需要太大的存储空间，但需要采取严格的安全措施；容易腐败的物料如生鲜产品、冷冻产品，需要特殊的存储方式。几乎所有的企业都要保持一定的库存，库存的功能有很多，主要有以下几个。

(1) 防止供应中断、交货误期。企业在向供应商订购原材料时，有许多原因都会导致原材料交货延误，常见的有发运时间的变化、供应商原材料紧张短缺而导致订单积压、供应商工厂或运输公司发生意外的工人罢工、订单丢失，以及材料误送或送达的原料有缺陷等。保持适当的原材料库存，可确保生产正常运行。

(2) 费用分摊。原材料或在制品的库存，可利用批量采购分摊费用。采购过程中，进行大批量采购，可以使单位物品分摊订货、运输等费用，批量采购能使总的采购费用降低。在生产过程中，在制品采购批量加大，每件物品可以分摊生产中的调整准备等费用，降低总的生产费用。

(3) 防止生产中断。生产过程中，维持一定的在制品库存，可以防止生产中断。比如，当某道工序的加工设备发生故障时，如果工序间有在制品库存，后续工序就不会停工中断。

(4) 便于顾客订货，适应产品需求的增加。适当的成品储备，可以使顾客很快采购到所需物品，缩短顾客订货提前期，提高服务水平。另外，可以保证企业在市场需求突然增大时，具有一定的应变能力，以免丧失商机。

总之，维持适当数量的物资储备，对调节供需，保证生产经营活动正常而有效地进行，并获得良好的经济效益，都是完全必要的。虽然库存有诸多作用，但是持有库存也带来了很多问题。表 6-1 给出了持有库存的优缺点对比。

表 6-1　持有库存的优缺点对比

持有库存的优点	持有库存的缺点
防止脱销 快速满足用户期望 储备功能 争取价格折扣 防止生产过程发生中断 稳定生产	库存物资占用资金 企业要对库存进行管理，从而增加了企业成本 库存物资发生损坏或者丢失会给企业带来损失 库存会麻痹管理人员的思想，其掩盖的管理问题后果往往更为严重 有了库存，会使管理人员以孤立的观点看待供应链上企业的运营

(三)库存分类

库存是一项代价很高的投资，无论是对生产企业还是物流企业，建立一个有效的库存控制与管理方法是非常必要的,而正确认识库存的分类则是库存管理的前提。下面按照不同标准对库存进行分类。

1. 按经营过程分类

由于生成的原因不同,从经营过程的角度可将库存分为以下七种类型(见表 6-2):经常库存、安全库存(或缓冲库存)、生产加工和运输过程的库存、季节性的库存、促销库存、投机库存、存淀或积压库存。

表 6-2　按经营过程对库存分类

库存的分类	详细介绍
经常库存(Cycle Stock)	企业在正常的经营环境下为满足日常的需要而建立的库存
安全库存(Safety Stock)	由于生产需求存在着不确定性,企业需要持有周期库存以外的安全库存或缓冲库存。持有这个观点的人普遍认为企业的平均库存水平应等于订货批量的一半加上安全库存
生产加工和运输过程的库存(in Process or in Transit Stock)	生产加工库存是指处于生产加工或者等待加工状态而闲置的商品;运输过程的库存是指零部件、半成品或成品处于运输状态即将进行生产或者销售的商品
季节性的库存(Seasonal Stock)	是投资库存的一种形式,指的是生产季节开始之前累积的库存,目的在于保证稳定的劳动力和生产运转
促销库存(Promotional Stock)	是指为了应对电子商务企业促销活动产生的预期销售增加而建立的库存
投机库存(Speculative Stock)	是指为了避免因物价上涨造成的损失或者为了从商品价格上涨中获利而建立的库存,具有投机性质。如一些矿产品或农牧产品等
存淀或积压库存(Dead Stock)	因品质变坏不再有效用,或因没有市场而不能销售的商品库存

2. 按库存用途分类

(1) 基本库存:在订货之前,库存处于最高水平,日常的需求不断地"抽取"存货,直至该储存水平降至为零。实际中,在库存没有降低到零之前,就要开始启动订货程序,于是,在发生缺货之前,就会完成商品的储备。补给订货的量就是订货量。在订货过程中必须保持的库存量就是基本库存。

(2) 安全库存:由于生产需求存在着不确定性,企业需要持有周期库存以外的安全库存或缓冲库存。

(3) 中转库存:中转库存也可以不划在库存范围内,但今天它越来越引起企业的注意,可以使企业利用中转库存形成灵活的战略。中转库存是指正在转移或等待转移的、装在运输工具上的存货。对企业而言,中转库存是实现补给订货所必需的。从企业物流管理的角度来看,中转库存给供应链增添了两种复杂性:第一,虽然中转库存不能使用,但它代表了真正的资产;第二,中转库存存在高度的不确定因素,因为公司不知道运输工具在何处,或何时有可能到达。虽然卫星通信技术已经降低了这种不确定因素,但是公司在存取这类信息时,还会受到限制。目前,在企业的经营中,中转库存越来越重视小批量、高频率的运输、递送，以及企业积极开展准时化战略等，所以中转库存在总资产中所占的比例逐渐增大。现在企业的存货战略中把更大的注意力集中到如何减少中转库存的数量及与此相关的不确定因素上。

(四)库存成本的构成

库存成本是在建立库存系统或采取经营措施时所造成的结果。供应链环境下库存系统的成本主要有采购成本、库存持有成本和缺货成本三个部分。

1. 采购成本

采购作为物流的第一个环节，它的成本高低对于跨境电子商务库存的总成本有着重要的作用。采购成本是企业库存成本控制中的主体和核心部分。

1) 采购成本的分类

采购成本可以有不同的分类，主要包括直接成本和间接成本、固定成本和变动成本、共同成本和联合成本(见表6-3)。

表6-3 采购成本的分类

采购成本的分类	详细介绍
直接成本和间接成本	直接成本是指与某一特定的生产或提供的服务直接相关的成本，比如直接的人工和原材料成本
	间接成本发生在产品或服务不能归结到一个单位的情况，比如租金、财产税、折旧费用，以及监督、销售和维护的费用
固定成本和变动成本	固定成本在一个生产周期、销售周期或时间周期内(通常至少为一年)是固定不变的，比如设备成本、仓库成本和管理成本
	变动成本的变化与活动和数量有密切的关系，比如直接的人工成本和原材料成本
共同成本和联合成本	共同成本是指同时用于两个或多个产品的生产、销售或服务，并且不能被单独合理地分配给任何一方的成本
	联合成本是生成、保管或销售两个或多个不同产品的作业过程所不可避免的

2) 采购成本的构成

采购成本是指企业经营中因采购物料而发生的费用，也就是在采购物料过程中的购买、包装、装卸、运输、存储等环节所支出的人力、物力、财力的总和(见图6-1)。

根据上述的成本构成理解，可以将以上各项目分成三类：产品成本、采购管理成本、存储成本。采购成本的计算公式为

$$采购成本 = 产品成本 + 采购管理成本 + 存储成本$$

(1) 产品成本。产品成本是由于购买产品而发生的货币支出、运输和装卸等费用构成的成本。产品成本总额取决于采购数量和单位采购成本，一般与采购数量成正比例变化。其计算公式为

$$产品成本 = 单价 \times 数量 + 运输费 + 相关手续费 + 税金等$$

采购成本的内容主要包括以下几方面：

- **从事采购的工作人员的工资、奖金及各种补贴；**
- **采购过程中的各种物质损耗，如包装材料、固定资产的磨损等；**
- **材料在运输、保管等过程中的合理损耗；**
- **再分配项目支出，如支付银行贷款的利息等；**
- **采购管理过程中发生的其他费用，如办公费、差旅费等。**

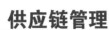

图 6-1　采购成本的构成

(2)　采购管理成本。组织采购过程中发生的费用称作采购管理成本，如信息费、差旅费、验收和入库费用以及采购相关人员的人工成本等。采购管理成本可以划分为固定性订货成本与变动性订货成本。其计算公式为

$$采购管理成本=人力成本+办公费用+差旅费用+信息费用$$

(3)　存储成本。存储成本是指物料或商品在运输和仓库保管状态中，由于存储而发生的各种费用和有形或无形的损耗。存储成本按其与存货平均存储量之间的性态关系，可以划分为固定性存储成本与变动性存储成本。存储成本的计算公式为

$$存储成本=贷款利息+仓库保管费用+存货损坏费用+其他费用$$

其中，仓库保管费用是指仓库的人工费用、固定资产折旧、保险费、税金等；存货损坏费用是指存货在存储期间由于保管不善造成的物料损坏、被盗、陈旧贬值及过时削价损失等；其他费用包括劳动保护费、辅助材料损失费、罚金、搬运费、运输费等。

2. 库存持有成本

1)　库存持有成本的定义

库存持有成本是指和库存数量相关的成本，它由许多不同的部分组成，通常是物流成本中较大的一部分。库存持有成本的发生主要由库存控制、包装、废弃物处理等物流活动引起。在年销量一定的条件下，库存周转率越高，单位商品在仓库停留的时间越短，它们之间成反比关系，相应的资金成本、保险以及库存风险成本也与库存周转率成反比。库存周转率越低，持有成本越高。

2)　库存持有成本的构成

它是与库存水平有关的那部分成本，其组成包括库存商品所占用的资金成本、库存服务成本(相关保险和税收)、仓储空间成本以及库存风险成本。

(1)　资金成本。

库存投资的资金成本是指库存商品占用了可以用于其他投资的资金，对于企业而言，因为保持库存而丧失了其他投资的机会，因此，应以使用资金的机会成本(Opportunity Cost of Capital)来计算库存持有成本中的资金成本。

(2)　库存服务成本。

库存服务成本由按货物金额计算的税金和为维持库存而产生的火灾和盗窃保险组成。一般情况下，税金随库存水平的不同而不同。库存水平对保险费率没有什么影响。但当库存水平发生较大变化时，保险政策会根据预期的库存水平做出调整。

(3)　存储空间成本。

储存空间成本不同于仓储成本，它只包括那些随库存数量变动的成本。自有仓库、租

用仓库的费用属于仓储成本；公共仓库的费用通常是基于移入和移出仓库的产品数量(搬运费用)以及储存的库存数量(储存费用)来计算的。存储费属于库存持有成本中的储存空间成本，搬运费与仓储作业量有关，与库存水平没有直接关系，是仓储成本。

(4) 库存风险成本。

库存风险成本一般包括过期成本、破损成本、损耗成本、移仓成本。过期成本是指由于亏本处理或降价不能以正常的价格出售而必须处理掉的成本。破损成本是随库存数量变动而发生破损的部分的成本。损耗成本多是因为盗窃造成的成本支出。移仓成本是指为避免废弃而将库存从一个仓库所在地运至另一个仓库所在地时产生的成本。

3) 影响库存持有成本的因素

影响库存成本的因素主要有三个方面，如表6-4所示。

表6-4 影响库存持有成本的因素

影响库存持有成本的因素	详细介绍
库存投资的机会成本率	这是影响库存持有成本中资金成本的首要因素
库存周转率	库存周转率高，库存持有成本下降，它们之间是非线性的关系
仓库的类型和存货水平的变动情况	库存所使用的仓库类型不同，其持有成本中空间成本也不一样。一般而言，库存水平变化越频繁，发生空间成本的概率就越大

3. 缺货成本

库存控制的目的就是在保持较高的客户服务水平前提下，对企业库存水平进行控制，尽可能降低库存水平，提高企业市场竞争力。供应链环境下的库存控制中的缺货成本是指由于存货供应中断而造成的损失，包括材料供应中断造成的停工损失、产成品库存缺失造成的拖欠发货损失和丧失销售机会的损失(还应包括需要主观估计的商誉损失)。下面讨论延期交货、失销、失去客户的情况。

1) 延期交货

延期交货可以有两种形式，或者缺货商品在下次规则订货中得到补充，或者利用快速延期交货。如果客户愿意等到下一个规则订货，那么公司实际上没有什么损失。但如果经常缺货，客户可能就会转向其他供货商。

如果缺货商品延期交货，那么就会发生特殊订单处理和运输费用，延期交货的特殊订单处理费用要比普通处理费用高。由于延期交货经常是小规模装运，运输费率相对要高，而且，延期交货的商品可能需要从另一地区的一个工厂仓库调货，进行长距离运输，另外，需要利用速度快、收费高的运输方式运送延期交货商品。因此，延期交货成本可根据额外订单处理费用和额外运费来计算。

2) 失销

尽管一些客户可以允许延期交货，但是仍有一些客户会转向其他供货商。换句话说，许多公司都有生产替代产品的竞争者，当一个供货商没有客户所需的产品时，客户就会从其他供货商那里订货，在这种情况下，缺货将导致失销。失销对于卖方的直接损失是这种产品的利润损失。这样，可以通过计算这种产品的利润乘以客户的订货数量来确定直接损失。

关于失销，需要指出以下三点：第一，除了利润的损失，还包括当初负责这笔业务的销售人员的精力浪费，这就是机会损失。第二，很难确定在一些情况下的失销总量。例如，许多客户习惯电话订货，在这种情况下，客户只是询问是否有货，而未指明要订多少货，如果这种产品没货，那么客户就不会说明需要多少，卖方也就不会知道损失的总量。第三，很难估计一次缺货对未来销售的影响。

3) 失去客户

由于缺货，客户永远转向另一个供货商。失去了客户，企业也就失去了未来一系列收入，这种缺货造成的损失很难估计，需要用管理科学的技术以及市场营销的研究方法来分析和计算。除了利润损失，还有由于缺货造成的信誉损失。信誉很难度量，在库存决策中常被忽略，但它对未来销售及企业经营活动非常重要。

为了确定需要保持多少库存，有必要确定如果发生缺货而造成的损失。第一步，分析发生缺货可能产生的后果，包括延期交货、失销和失去客户。第二步，计算与可能结果相关的成本，即利润损失。第三步，计算一次缺货的损失。

如果增加库存的成本少于一次缺货的损失，那么就应增加库存以避免缺货。如果发生内部短缺，则可能导致生产损失(人员和机器的闲置)和完工期的延误。如果由于某项物品短缺而引起整个生产线停工，这时的缺货成本可能非常高，尤其对于实施及时管理的企业来说更是这样。为了对安全库存量做出最好的决策，制造企业应该对由于原材料或零配件缺货造成停产的成本有全面的理解。首先确定每小时或每天的生产率，然后计算停产造成的产量减少，最后得出利润的损失量。

二、库存管理概述

(一)库存管理的定义

库存管理又叫库存控制，主要是"与库存物料的计划与控制有关的业务"，目的是支持生产运作。库存管理主要是针对仓库或库房的布置、物料运输和搬运以及存储自动化等的管理；库存管理的对象是库存项目，即企业中的所有物料，包括原材料、零部件、在制品、半成品及产成品，以及其辅助物料。库存管理的主要功能是在供、需之间建立缓冲区，达到缓和用户需求与企业生产能力之间、最终装配需求与零配件之间、零件加工工序之间、生产厂家需求与原材料供应商之间的矛盾。

库存就是具有经济价值的任何物品的停滞与储藏，是供将来使用的所有闲置资源。不同的企业对于库存管理历来有不同的认识，概括起来主要有以下三种。

(1) 持有库存。一般而言，在库存上有更大的投入可以带来更高水平的客户服务。长期以来，库存作为企业生产和销售的物资保障服务环节，在企业的经营中占有重要地位。企业持有一定的库存，有助于保证生产正常、连续、稳定进行，也有助于保质、保量地满足客户需求，维护企业声誉，巩固市场的占有率。

(2) 库存控制是保持合理库存。库存管理的目的是保持合适的库存量，既不能过度积压，也不能短缺。让企业管理者困惑的是：库存控制的标准是什么？库存控制到什么量才能达到要求？如何配置库存是合理的？这些都是库存管理的风险计划问题。

(3) 以日本丰田为代表的企业提出的所谓"零库存"的观点。主要代表是准时生产方式。它们认为，库存即是浪费，零库存就是其中的一项高效库存管理的改进措施，并得到了企业广泛的应用。

第六章　供应链库存控制

(二)库存管理的作用

对于库存控制中的管理者来说，不同部门、不同的决策者对库存控制的要求不同。对于企业的生产部门来说，希望企业持有更多的库存，以保证企业生产、经营的需求；对于企业的采购部门来说，希望每次大批量多批次地采购，以降低采购成本；对于仓储管理部门来说，则希望尽量少的库存量，以减少库存空间占用，降低库存总费用，控制库存资金占用，加速资金周转。

概括来说，库存管理的作用可概括为如下几个方面。

1. 快速满足客户需求

快速满足客户需求说明企业服务水平高，服务水平高则说明企业精细化高，所以需要准备的材料多，库存也就大而且广。所以对库存需求高。

2. 防止生产或者销售的中断

在企业实际的生产或者销售过程中，可能因为订单量大需要加大生产而造成原材料库存不足，或者因为顾客需求量的增大而造成销售缺货，这些现象都会造成企业损失。为了避免生产或者销售的中断，企业通常都采用合理的库存管理策略来解决。

3. 增强企业生产计划柔性

激烈的市场竞争将导致外部市场需求波动，提高库存管理可以减少对生产系统的压力。

4. 缩短订货周期

产品的生产周期与生产系统的库存成正比，与输出成反比。通常情况下，一个企业的库存水平高、生产周期长时，将会导致生产管理的复杂度和困难度，使企业难以确保产品的交货周期。因此，提高企业库存管理水平可以有效缩短产品的生产周期，确保产品的交货周期，并提高企业生产系统的灵活性，满足快速变化的市场需求。

(三)库存管理的原则

供应链环境下企业库存管理水平的高低直接决定了企业利润的大小。一些企业为了库存而采购，而大量的库存导致企业部门之间无法实现无缝衔接，造成企业大量的流动资金被占用，企业效益下降。因此，在供应链环境下管理库存需要遵循一定的原则。

1. 经济性原则

企业库存管理的最终目的就是获得最大化的经济效应，具体包括制定合理的订货时间、订货数量、订货批量等。而为了获得最大化的经济效益，企业需尽可能地降低其运营成本，这里面就包括采购成本、库存持有成本和缺货成本等方面。

2. 安全性原则

供应链环境下，企业进行库存管理过程中，需要确保库存物料账实相符、质量稳定。不应使库存物品因保存不利而造成质量损耗，亦不要因为库存管理不善，造成库存物品计量误差、检查疏忽、自然损耗、非法侵占、被盗丢失、呆料废料增加等现象。故而，企业在库存管理时要遵循安全性原则。

3. 时效性原则

供应链环境下的库存管理更多地要关注库存物品的时效性，要经常检查、及时更新，特别是对于保险储备物料。企业制订物料采购供应计划以后，要根据企业生产、销售的消耗而实时更新库存物品。时效性是企业加强库存管理、提高经济效益和遵循安全性原则的前提条件和重要保障。

4. 完整性原则

供应链环境下企业库存管理必须保证其生产所需的各项物资的供应，避免供应链管理中的物料齐套比率差的现象产生。不能因为采购量小或者物资价值小而认为可以临时采购，瞬间的环境变化可能完全改变采购的条件，造成采购成本增加。

(四) 库存管理的基本方法

库存管理的基本方法分为定量订货法和定期订货法。

1. 经济订货批量法(Economic Order Quantity，EOQ)

经济订货批量法是定量订货法的一种。经济订货批量是简单、理想状态的一种。通常订货点的确定主要取决于需求量和订货提前期这两个因素。在需求量固定、订货交纳周期不变的情况下，不需要设安全库存，这时订货点为

$$R = LT \times \frac{D}{365} \tag{6-1}$$

式中：R——订货点，即当库存降至此数量时订货；

D——平均日需求量，也即平均每天耗用量；

LT——订货提前期(平均运作时间)，即开始订货到货物入库的时间。

但在实际工作中，常常会遇到各种波动的情况，如需求量发生变化，提前期因某种原因而延长等，这时必须设置安全库存(S)。所谓安全库存，就是为了预防临时需求量增大或者到货时间间隔延长而多储备的库存量，其计算公式为

$$S = (每天最大耗用量 - 平均每天正常耗用量) \times 供货周期$$

这时订货点则应用下式确定：

$$R = LT \times \frac{D}{365} + S \tag{6-2}$$

式中，S是安全库存量。

订货批量Q依据经济批量(EOQ)的方法来确定，即总库存成本最小时的每次订货数量。通常，年总库存成本的计算公式为

$$年总库存成本 = 年购置成本 + 年订货成本 + 年保管成本 + 缺货成本$$

假设不允许缺货的条件下：年总库存成本=年购置成本+年订货成本+年保管成本，即

$$TC = D \times P + D \times \frac{C}{Q} + \frac{QH}{2} \tag{6-3}$$

式中：TC——年总库存成本；

D——年需求总量；

P——单位商品的购置成本；

C——每次订货成本，元/次；
H——单位商品年保管成本，元/年；($H = P \times F$，F 为年仓储保管费用率)
Q——订货批量或订货量。

经济订货批量(EOQ)就是使库存总成本达到最低的订货数量，它是通过平衡订货成本和保管成本两方面得到的。经济订货批量的计算公式为

$$\text{EOQ} = \sqrt{\frac{2CD}{H}} = \sqrt{\frac{2CD}{PF}} \tag{6-4}$$

此时的最低年总库存成本为

$$TC = D \times P + H \times \text{EOQ} \tag{6-5}$$

年订货次数为

$$N = \frac{D}{\text{EOQ}} = \sqrt{\frac{DH}{2C}} \tag{6-6}$$

平均订货间隔周期为

$$T = \frac{365}{N} = 365 \times \frac{\text{EOQ}}{D} \tag{6-7}$$

式中：T——平均订货间隔周期；
N——年订货次数。

若增大每次的订货批量，则有利于减少订货次数，降低订货成本，但增大订货批量通常会增加平均库存量，引起存储成本的上升，如图 6-2 所示。

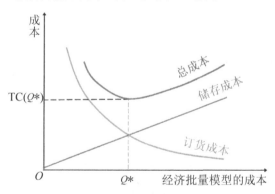

图 6-2 经济订货批量

2. 定量订货法

定量订货法(Quantitative Order Method)是指当库存量下降到预定的最低库存量(订货点)时，按照规定数量(一般以经济订货批量为标准)进行订货补充的一种库存管理控制方法。

1) (Q, R) 策略

该策略的基本思想是：对库存进行连续性检查，当库存降低到订货点水平 R 时，即按预先确定的固定订货量 Q 发出一个订货，经过提前期(订货至到货间隔时间)LT，收到订货 Q，库存补充到新的水平(图 6-3 为该策略的示意图)。该策略适用于需求量大、缺货费用较高的情况。

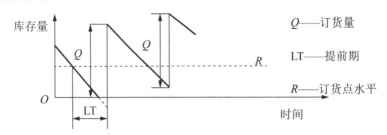

图 6-3 连续性检查 (Q, R) 策略

2) (R, S) 策略

连续性检查类型的策略,当发现库存降低到订货点水平 R 时,开始订货,订货后使最大库存保持不变,即为常量 S,若发出订单时库存量为 I,则其订货量即为 $S-I$(图 6-4 为该策略的示意图)。该策略和 (Q, R) 策略的不同之处在于其订货量是按实际库存而定,因而订货量是可变的。

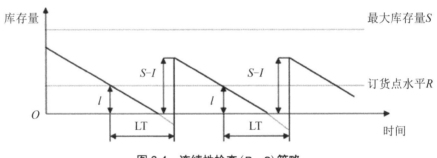

图 6-4 连续性检查 (R, S) 策略

3) 定量订货法的适用范围

采用定量订货法,需要企业人员对仓库中的物资随时进行库存量的盘点和检查,一旦发现库存量下降到预定的订货点水平时,就必须向供应商发出订单,以进行采购。采用定量订货法的情况如图 6-5 所示。

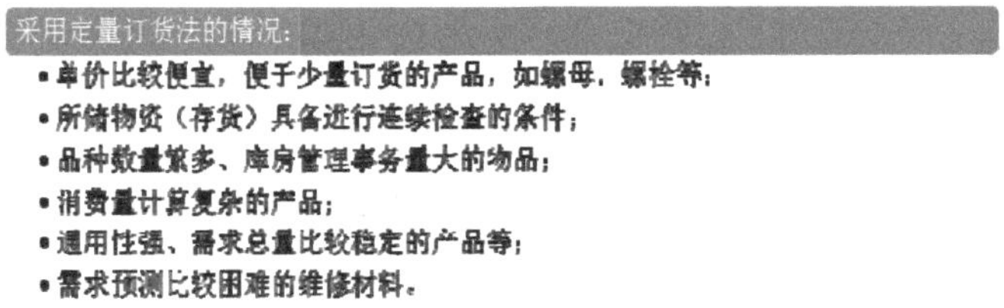

采用定量订货法的情况:
- 单价比较便宜,便于少量订货的产品,如螺母、螺栓等;
- 所储物资(存货)具备进行连续检查的条件;
- 品种数量繁多、库房管理事务量大的物品;
- 消费量计算复杂的产品;
- 通用性强、需求总量比较稳定的产品等;
- 需求预测比较困难的维修材料。

图 6-5 采用定量订货法的情况

3. 定期订货法

定期订货法是指预先确定一个订货周期(一般以经济订货周期(EOI)为标准)和一个目标库存水平(最大库存量),然后按照规定的订货周期进行库存检查,发出订货的方法。

基本原理:预先确定一个经济订货周期 t 和最大库存量 S,周期性地检查库存,根据最大库存量、实际库存、在途订货量和待出库商品数量,计算出每次订货批量,发出订货指令,组织订货。

1) 经济订货周期(Economic Order Interval，EOI)

订货周期一般是根据经验确定，主要考虑制订的生产计划的周期时间，常取月或季度作为库存检查周期，也可以借用经济订货批量的计算公式来确定库存成本最大的订货周期，亦称为经济订货周期。其计算公式为

$$N = \frac{R}{Q} \tag{6-8}$$

$$t = \frac{Q}{R} = \frac{\sqrt{\frac{2CR}{H}}}{R} = \sqrt{\frac{2C}{HR}} \tag{6-9}$$

式中：N——订货次数；

Q——订货批量；

R——单位时间内的销售(需求)量；

t——经济订货周期；

C——单次订货的订购成本；

H——单位商品单位时间的储存成本。

定期订货周期确定的主要依据如下。

(1) 人们习惯的日历时间单元。订货周期取人们习惯的日历时间单元，比如周、旬、季、年等。人们通常按这些时间单元安排生产计划、工作计划和销售计划。取这样的时间单元可以与生产计划、工作计划、销售计划相吻合，比较方便。

(2) 供应商的生产周期或者供货周期。有些供应商是多品种轮番批量生产，或是季节性生产，都有一个生产周期或供应周期。订货周期要与供应商生产周期、供应周期一致，才能够订到货物。

(3) 经济订货周期。经济订货周期与经济订货批量一样，都是根据补充缺货瞬时到货情况下总费用最省的原理计算出来的。

2) 最大库存量(目标库存水平)

最大库存量在定期订货中亦称为目标库存水平，是指能够满足订货周期加订货提前期内的需求量的库存水平。它由下面部分组成：

最大库存量=订货期平均需求+提前期平均需求+安全库存

具体计算公式为

$$M = r \times (\mathrm{LT} + t) + s \tag{6-10}$$

式中：M——产品最大库存量；

r——产品日均需求量；

t——订货周期；

LT——订货提前期；

s——安全库存量。

3) (t, S)策略

该策略是每隔一定时期检查一次库存，并发出一次订货，把现有库存补充到最大库存水平 S，如果检查时库存量为 I，则订货量为 $S-I$。图 6-6 给出了 (t, S) 策略，图中，固定周期为 t 时，商品库存量为 I_1，此时开始订货，订货量为 $S-I_1$，经过订货提前期 LT 以后，

订货量到货，补货以后的库存恢复到 A 点水平。再经过一个固定的检验周期 t，此时的库存量为 I_2，发出订货量为 $S-I_2$ 的订货单，经过一个提前期 LT 以后，库存又达到一个新的水平 B 点。如此周期性地检查库存，不断补给。

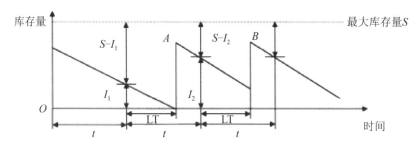

图6-6 定期检查 (t, S) 策略

该策略不设置订货点，只设定固定的检查周期和最大库存水平。这种策略操作起来比较简单，适用于一些日常需求量波动不大的物品或不太重要的物品。

4) (t, R, S) 策略

该策略是 (t, S) 策略和 (R, S) 策略的综合，具有两种策略的优点。如图 6-7 所示，订货补给策略有一个固定的检查周期 t、最大库存水平 S、固定订货点水平 R。当经过一定的检查周期 t 后，若库存低于订货点水平 R，则发出订货；否则，不订货。订货量的大小等于最大库存水平减去检查时的库存量。图 6-6 中，经过检查周期 t 后，库存量为 A 点，低于订货点水平 R，此时发出订货量为 $S-I_1$ 的订货单，经过一定的订货提前期 LT 以后库存量达到 B 点，库存补充以后库存水平达到 C 点；经过第二个检查周期 t，库存水平达到 D 点，此时库存量高于订货点水平 R，因此，不订货；经过第三个检查周期 t，库存水平达到 E 点，此时库存量低于订货点水平 R，因此，发出订货量为 $S-I_3$ 的订货单，如此循环地进行下去，实现周期性的库存补给。

采用这种方法不需要企业时刻监控库存量水平，只需要根据企业的经验和企业的物料需求计划周期性地检查库存，再根据盘点的情况并结合实际消耗量的速度来计算采购量。

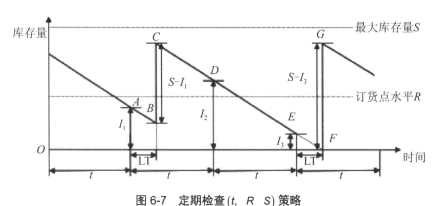

图6-7 定期检查 (t, R, S) 策略

5) 定期订货法的适用范围

定期订货法的订货时间是固定的，但每次的订货数量是不固定的，随着库存量的变化

而变化。总结可得定期订货法的适用范围如图 6-8 所示。

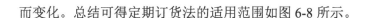

图 6-8 定期订货法的适用范围

第二节 供应商管理库存

一、供应商管理库存的概念

(一)供应商管理库存的产生和发展

供应链环境下，用户个性化产品需求增加，导致企业产品种类增加，产品多样化、系列化导致库存水平上升，库存成本和管理难度增加。传统库存管理造成供应链上的库存积压，供应链整体利益削减。在这种情况下，要求新的库存管理方法能科学管理库存，协调供应链整体利益。供应商管理库存客观上要求各企业在相互信任的基础上密切合作，在观念上达到目标一致，并明确各自的责任和义务，要求各企业在合作上采取积极响应的态度，以快速的响应能力降低库存费用，使各参与方合作时获得的收益比不参与合作获得的收益大。这样供应商管理库存的产生具有必然性，供应链管理等相关理论的产生、发展和应用更加快了供应商管理库存的发展。

传统库存管理是指零售商依据顾客需求预测和库存管理需要，使用独立需求库存控制订货点技术向供应商发出采购订单，供应商根据订单将产品配送到零售商仓库中，并依据零售商历史订单制订需求计划和生产计划。

供应商管理库存模式不同于纯市场交易模式和企业内部交易模式。运用交易成本理论分析供应商管理库存实施的关键经济决定因素，指出供应商管理库存的实施与资产的专用性、交易频率、不确定性等因素是正相关关系，给出了在不考虑专业化、规模经济与核心能力提升，考虑专业化与规模经济但不考虑核心能力提升，考虑专业化、规模经济与核心能力提升等三种情形下下游企业实施供应商管理库存的边界条件。通过对此环境下供应链和供应链中供应商和零售商期望收益的分析与比较，得出零售商收益增加的充要条件和充分条件，供应商收益增加的充分条件和必要条件是给出供应商和零售商双方均有积极性实施供应商管理库存的"帕累托改进"或"卡尔多—希克斯改进"条件。

集成供应商管理库存以供应链最优期望收益为协调准则，探讨价格为外生变量时协调机制的建立及其优化，为决策者提供依据。如果协调机制实施中供应商、零售商和供应链收益变动率中任何一项为负数，表明该协调机制没有体现互惠互利的合作精神，也没有满足合作后收益大于合作前收益的个体理性原则，则该协调机制难以达到预期效果。如果协调机制实施中供应商、零售商和供应链收益变动率中任何一项为正数，表明该协调机制体现了互惠互利的合作精神，也满足合作后收益大于合作前收益的个体理性原则，则该协调机制可能达到预期效果。如果协调机制实施中供应商、零售商和供应链收益变动率中任何一项为正数，且供应链收益变动率达到最大，则该协调机制能达到预期效果。

(二)供应商管理库存的定义

所谓供应商管理库存(Vendor Managed Inventory，VMI)是一种以用户和供应商双方都获得最低成本为目的，在一个共同的协议下由供应商管理库存，并不断监督协议执行情况和修正协议内容，使库存管理得到持续的改进的合作性策略。这种库存管理策略打破了传统的各自为政的库存管理模式，体现了供应链的集成化管理思想，适应市场变化的要求，是一种新的、有代表性的库存管理思想。目前 VMI 在分销链中的作用十分重要，因此被越来越多的人重视。

对于供应商管理的库存，因为有最低与最高库存点，按时交货可通过相对库存水平来衡量。例如库存为零，风险很高；库存低于最低点，风险相当高；库存高于最高点，断货风险很小但过期库存风险升高。这样，统计上述各种情况可以衡量供应商的交货表现。根据未来物料需求和供应商的供货计划，还可以预测库存点在未来的走势，从而确定具体时候的具体库存指标。

VMI 管理模式是从 QR(快速响应)和 ECR(有效客户响应)基础上发展而来，其核心思想是供应商通过共享用户企业的当前库存和实际耗用数据，按照实际的消耗模型、消耗趋势和补货策略进行有实际根据的补货。由此，交易双方都变革了传统的独立预测模式，尽最大可能地减少由于独立预测的不确定性导致的商流、物流和信息流的浪费，降低了供应链的总成本。

二、实施供应商管理库存的意义

(一)及时交货率上升

VMI 最初的目的是用于缓解牛鞭效应，客户把补货的职能转移到供应商身上，后者使用历史销售的数据，结合预测分析，自行安排补货计划。供应商在一次次补货的过程中，不断修正预测模型，提高预测的准确率，可以减少缺货的情况，提高了交货及时率。

(二)库存下降

做好 VMI，可以使库存的数量得到控制，不会产生过高的库存或呆滞库存。不管库存的所有权是归客户还是供应商所有，整体的库存水平会下降，从而提升了整个供应链的效率，降低了库存成本。

(三)紧急补货运费下降

由于缺货而导致的紧急运输费用也会降低。供应商应时刻关注客户的库存水平，根据实际销售或使用数量及时安排补货。通过整车运输或其他较为经济的方式补货，降低了运输的频次，减少了运输的费用。

(四)库存的所有权

根据最初的标准定义，VMI 的库存是归客户所有，但是在实际操作中又演化出了一种新的模式——VMI-Consignment 协议。在这种新模式下，库存的所有权属于供应商。供应商补货到第三方仓库之后，并不能立即给客户开票，只能等到客户从第三方仓库提货以后，供应商才能开票。

在客户实际提货之前，不管这段时间有多长，仓库里库存的所有权始终属于供应商。这种模式在国内汽车行业应用非常普遍，很多的整车厂都是在工厂附近设立一些 VMI 仓库，规定供应商必须先送货到中转仓库，等到整车厂实际使用后才能开具发票，再根据合同约定的付款条件完成结算。还有一些整车厂的 VMI 条款更为苛刻，规定了只有零件在生产线边完成装配以后，供应商才能最终进行开票，这样一来整个补货—开票周期又被拉长了。

三、供应商管理库存的实施

VMI 实施包括前期准备阶段、实施阶段和评估阶段。

(一)VMI 的前期准备阶段

该阶段主要体现在战略层次上，包括采取哪种 VMI 形式，选定某一个供应商作为自己实施的合作伙伴，制定相互之间的契约关系，以及供应的目标。

1. 实施供应商管理库存的目标分析

根据供应商管理库存的经济效益和库存分析，双方企业的目标主要在以下几个方面。
(1) 降低供应链上的产品库存；
(2) 降低买方企业和供应商成本和提升利润；
(3) 提高双方合作程度和忠诚度；
(4) 保证企业的核心竞争力。

2. 供应商管理库存协议的制定

(1) 整个供应商管理库存所做出额外投资的成本由买方企业和供应商按比例共同承担。

(2) 实施供应商管理库存所带来的供应链利益的上升，应由双方共享。特别是在双方企业实施供应商管理库存的前期阶段，可能会使得供应链上升的利润大部分被买方企业所攫取，所以在短期内买方企业应该让出部分利润给供应商来保证其实施供应商管理库存的积极性和信心。

(3) 在整个供应商管理库存实施的过程中，规定一系列的条款来规范双方企业的行为。如例外条款的拟订：一旦出现意外事件需要及时通告双方，以及通告的渠道和方式。付款条款的拟订包括付款方式、付款期限的规定等。罚款条约的拟订包括供应商如果在运输配送中出现差错，将如何对其实施罚款；买方企业如果传送错误的产品销售信息将如何对其实施罚款等。

(4) 关于操作层面的协议。供应商和买方企业通过协议，来确定实施供应商管理库存过程中前置时间、订单处理时间、最低到货率、补货点等一系列操作层面的问题。

3. 实施供应商管理库存的资源准备

这是针对实施供应商管理库存所必需的一些支持，如一些信息网络的组建和 IT 技术的准备，用于建立供应商管理库存信息决策支持系统：电子数据交换(EDI)系统、自动销售点信息(POS)系统、ID 代码、条形码技术、连续补给程序。除此之外，还包括实施供应商管理库存所必需的物流方面的配套支持以及产品的仓储和运输配送等。

(二)VMI 的实施阶段

VMI 的实施阶段是最为重要和复杂的。它主要体现在战术层次上，包括适应 VMI 的组织机构的变革，买方企业和自己的合作伙伴供应商共同组建一个工作团队，设立一些新的职能部门，以及整个 VMI 是如何具体运作的。

1. 实施 VMI 的信息沟通

实施供应商管理库存首先必须拥有一个良好的信息沟通平台，我们需要在原有企业拥有的 EDI 的基础上，重新整合原有的 EDI 资源来构建一个适合于供应商管理库存的信息沟通系统。

2. VMI 的工作流程设计

买方企业和供应商实施 VMI 后，必须针对 VMI 的工作流程来保证整个策略的实施。

1) VMI 实施对信息系统的要求

众多企业实施了不同的 ERP、CRM 等系统。从信息系统角度来看，VMI 实施需要信息系统的响应模块支持，模块功能应包括预测、分销订单、配送(补货)单、拣货和财务管理功能。

图 6-9 描述了 VMI 作业信息系统流程。模型假定分销商仓库应用了协同商务软件。当前存货结余，按时地上传分销商信息系统。该信息接下来用于执行配送需求计划(DRP)，从而确定补货时间。

2) VMI 的工作模式

VMI 系统是将原材料供应商、第三方物流以及制造商实时生产信息统一到 Internet 网络资源平台。VMI 的工作模式如图 6-10 所示。

VMI 使用灵活的管理和数据处理方式将信息以各种报表的形式及时地提供给需要信息的那一方，从而使这三方之间的信息交流更及时、更准确、更规范。

用户可以在任何时间、任何地点通过 Internet 来访问 VMI 信息，实时地了解当前的库存和需求情况，使企业大大降低了物流成本。

图 6-9　VMI 作业信息系统流程图

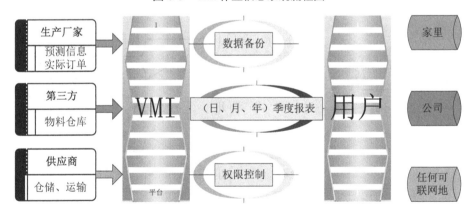

图 6-10　VMI 工作模式

3)　VMI 作业流程

VMI 系统主要考虑两个模块。

第一个模块：需求预测计划，即使用统计工具来确认实际需求，目的是要协助供货商了解销售何种商品、销售给谁、以何种价格销售、何时销售等。

第二个模块：补货配送计划，指派可利用的成品库存以平衡顾客服务需求，及成本效益。透过实际实时库存的配置，配销需求计划能改善顾客服务水平，降低库存水准及最小运输成本。最主要的是有效地管理库存量。

VMI 系统是将配送及供应单位整合于持续补货循环中,补货活动的步骤如图 6-11 所示。

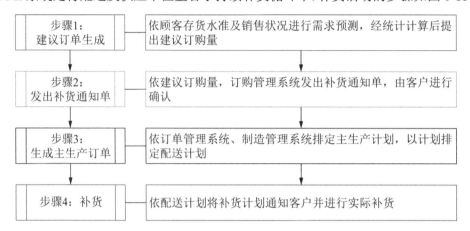

图 6-11　VMI 补货活动步骤

4) 供应商管理库存的组织结构调整

买方企业和供应商实施供应商管理库存后,为了适应新的管理模式,需要根据供应商管理库存的工作流程来对组织机构进行相应的调整,如图 6-12 所示。

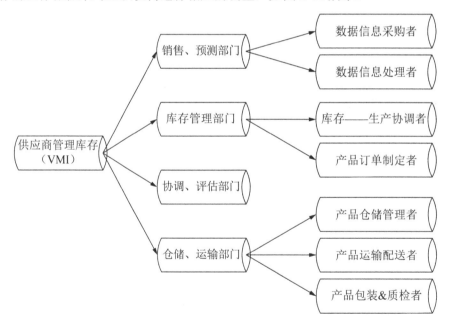

图 6-12　VMI 组织机构的调整

(三)VMI 的评估阶段

该阶段根据双方企业实施 VMI 之前制定的目标,确定一些经济指标,对实施前后做一个对比,如果达到预期效果就进入全面实施阶段,如果达不到就返回到 VMI 实施阶段,进行改进和完善,直至通过再进入 VMI 的全面实施阶段。VMI 评估的具体实施步骤如下。

(1) 确定评估的目标对象:供应商管理库存的实施。

(2) 确定评估的指标：主要是根据供应商管理库存给买方企业和供应商可以带来的利益进行设立。

(3) 确定评估指标在整个评估系统中的权重。

(4) 评价的等级与量化数据。

(5) 实际工作的不断调整问题。

四、供应商管理库存的基本原则

(一)连接原则

连接原则涉及供应商、第三方服务提供商之间的战略、策略和操作连接。连接性包括了供应链合作伙伴间 IT、Internet 和其他形式的通信的重要作用。该原则实际上是其他原则的基础。连接性原则在实施中具有战略性，因为它处理供应链关系的规划连接、可见性、架构。在每日运作水平上，它是策略性的，处理供应链合作伙伴之间的策略性决策制定过程。

(二)协同原则

与连接性原则一样，协同性可以关注战略、策略或者运作决策制定。该原则使供应链伙伴通过整合组织间的规划和决策制定，建立了他们之间的更近的连接。真正的协同是扩展供应链的协同，需要所有的参与者更好地理解每个供应链合作伙伴的角色、业务过程和期望。协同不仅在好的时期出现，而且更可能在差的时期出现。作为学习过程中的协同项目，协同持续地对供应链关系提供支持。该投资并不遍及所有的客户和供应商，而是主要为关键合作伙伴服务。

(三)同步原则

同步原则可以类比为交响乐队，具有不同的部分——弦乐、打击乐等——协调地演奏以后的预期效果。在供应链中，需要公司的外部和内部进行类似的协调努力。供应商、制造商、销售和营销、财务、客户都在供应链的"交响乐团"中扮演重要的角色。在内部和外部的供应链合作伙伴间，界面必须是无缝的、无摩擦的和透明的。通过连接性原则和协同原则，同步性在战略、策略和运作层次发生。

同步性原则提供了将供应链作为水平流动模型而不是传统的"命令－控制"结构进行思考的方法。这一模型的完全实现将允许公司和供应链伙伴减轻系统中的瓶颈，消除缓冲库存，在供应链中更有效地应用非存货资产。这一原则需要尽早抓住原始需求数据，尽可能获得需求时间，同时在供应链网络中分配这些信息。为了确保同步模型，第一层、第二层和第三层都可能需要需求数据。此数据也可能对第三方物流提供商有用，因为他们可以有效配置运输能力，准确地估算仓储需求。

(四)杠杆原则

杠杆原则需要关注核心客户、核心供应商和核心 3PL。这并不意味着所有有资格的供应商或者客户不需要仔细关注。该原则实际上建议，增加的资源应该投入到批量更大的和更关键物件的供应商。在过去 10 年内，很多公司已经通过合理化其供应商基础，获得了明显的成本缩减。通过将特定物件的供应商的数目从 7 个减少到 2 个，可以更容易地同步供应商界面。从而进一步带来了成功的 JIT 递送战略、协同规划和更有效的总体运作。类似地，对核心客户和第三方物流的关注可以提供同步的战略、策略和运作机会。第四个原则表明，公司应该聚集并且将其资产集中于高杠杆性和高回报的机会，即投资于核心供应商、客户和第三方物流。

(五)可测原则

可测性在此处指公司开发供应链业务过程集合的能力，这种业务过程可以被添加的供应商、客户和第三方物流提供商复制。该原则需要在定制性和可测性之间平衡。成功实施该原则的公司可以建立核心供应链过程，这些过程在添加供应链合作伙伴时可以以最小的变动被复制。这些过程也可以被移植到更大的客户或者供应商基础上，而只需要很少的改动。

没有供应链管理者希望为 50 个不同的账户运行 50 个不同的分销系统。但是有些核心客户可能需要特定的软件、代码、JIT 过程或者安全标签。例如，曾经有一家公司在高技术仓库方面投资了 4000 万美元，可以处理客户的修改，同时不会降低操作流的基本速度。注意除非供应链解决方案是可测的，定制需求将会摧毁杠杆能力和同步能力，因而降低整个供应链的效率。

第三节 联合库存管理

长期以来，供应链中的库存是各自为政的。供应链中的每个环节都有自己的库存控制策略，都是各自管理自己的库存。由于各自的库存控制策略不同，因此不可避免地产生需求的扭曲现象，即所谓的需求放大现象，形成了供应链中的"牛鞭效应"，加重了供应商的供应和库存风险。当前出现了一种新的供应链库存管理方法——联合库存管理，这种库存管理策略打破了传统的各自为政的库存管理模式，有效地控制了供应链中的库存风险，体现了供应链的集成化管理思想，适应市场变化的要求，是一种新的有代表性的库存管理思想。

一、联合库存管理的概念

(一)联合库存管理介绍

传统的经销方法是，每个经销商根据市场需求预测直接向制造商订货，由于存在提前期，需要经过一段时间产品才能送到经销商手中，而顾客不愿意等这么久，因此，各个经销商不得不以库存来应付。同时，制造商为了缩短提前期也不得不保持库存来尽快满足客户要求。

无论是经销商还是制造商，对于一个突然到来的订单都只有通过增加库存和人员来满足客户需求。但是，由于有些产品的配件价格昂贵，费用较大，如果库存过多，会使经销商负担不起，同时，对制造商也是不经济的。所以，不能通过增加库存的方法来满足每一个客户的需求，必须寻找一种新的解决办法。

借助现代信息系统技术，通过建立经销商一体化的战略联盟，把各个经销商的库存联合在一起，实现联合库存管理，可以很好地解决这一问题。联合库存管理是由制造商安装一个基于计算机的信息系统，把各个经销商的库存通过该系统连接起来，每个经销商可以通过该系统查看其他经销商的库存，寻找配件并进行交换，同时，经销商们在制造商的协调下达成协议，承诺在一定条件下交换配件并支付一定报酬，这样，就可以使每个经销商的库存降低，服务水平提高。

(二)联合库存管理的核心思想

联合库存管理是基于协调中心的供应链上游节点企业和下游节点企业间权利、责任、风险共担的库存管理模式。

联合库存管理强调的是供应链上各节点企业间库存的管理者共同参与，共同制订库存管理计划，互相协调，从供应链的角度考虑保持供应链相邻节点企业间需求预测的一致性，从而消除供应链上的需求变异放大现象，即所谓的牛鞭效应，体现了供应链节点企业间的互惠互利和合作的关系。

联合库存管理不是一种库存决策代理模式，而是供应链相邻节点企业对库存管理的共同参与和决策，将 VMI 中供应商的全责转化为各节点企业间的责任分摊，实现风险共担、利润共享，提高供应链的同步化程度和运作效率。这种共同管理和决策是建立在对供应链各节点企业间的信息共享和紧密合作之上的，可以说联合库存管理注重的是供应管理的无缝化整合和战略联盟关系的有效开发与维护。

(三)联合库存管理的定义

联合库存管理(Jointly Managed Inventory，JMI)，是一种在 VMI 的基础上发展起来的上游企业和下游企业权利责任平衡和风险共担的库存管理模式。联合库存管理强调供应链中各个节点同时参与，共同制订库存计划，使供应链过程中的每个库存管理者都从相互之间的协调性考虑，保持供应链各个节点之间的库存管理者对需求的预期一致，从而消除了需求变异放大现象。

(四)JMI 和 VMI 的区别

联合库存管理是解决供应链系统中由于各节点企业的相互独立库存运作模式导致的需求放大现象，提高供应链的同步化程度的一种有效方法。

联合库存管理和供应商管理库存不同，它强调双方同时参与，共同制订库存计划，使供应链过程中的每个库存管理者(供应商、制造商、分销商)都从相互之间的协调性考虑，保持供应链相邻的两个节点之间的库存管理者对需求的预期一致，从而消除了需求变异放大现象。任何相邻节点需求的确定都是供需双方协调的结果，库存管理不再是各自为政的独立运作过程，而是供需连接的纽带和协调中心。

二、JMI 的流程

JMI 可以看作是 VMI 的进一步发展与深化，通过共享库存信息联合制订统一的计划，加强相互间的信息交换与协调，有利于改善供应链的运作效率，增强企业间的合作关系。JMI

在每个企业内增加了计划执行的集成,并可以在消费者服务水平、库存风险和成本管理方面取得显著的效果。联合库存管理的流程如图6-13所示。

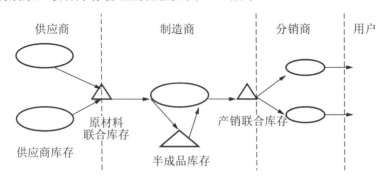

图6-13 联合库存管理流程

(一)原材料联合库存

原材料供应商将生产的成品直接存入制造商的原材料仓库,变各个供应商的分散库存为制造商的集中库存。

(二)产销联合库存

制造商总库承担产品储备中心的职能,相当于全国分库的供应商。在分库所辖区域内,设立地区中心仓库,承担各分销商的产品供应工作。中心仓库的库存产品由公司总库配送或分销商代储。中心仓库的管理人员由总部指派,负责产品的接收、配送和管理。

三、JMI的优缺点

(一)联合库存管理的优点

实行联合库存管理有很多优点,由于联合库存管理将传统的多级别、多库存点的库存管理模式转化成对核心制造企业的库存管理,核心企业通过对各种原材料和产成品实施有效控制,就能达到对整个供应链库存的优化管理,简化了供应链库存管理运作程序。

联合库存管理在减少物流环节、降低物流成本的同时,提高了供应链的整体工作效率。联合库存可使供应链库存层次简化和运输路线得到优化。在传统的库存管理模式下,供应链上各企业都设立自己的库存,随着核心企业分厂数目的增加,库存物资的运输路线将呈几何级数增加,而且重复交错,这显然会使物资的运输距离和在途车辆数目增加,其运输成本也会大大增加。

联合库存管理系统把供应链系统管理进一步集成为上游和下游两个协调管理中心,从而部分消除了由于供应链环节之间不确定性和需求信息扭曲现象导致的库存波动。通过协调管理中心,供需双方共享需求信息,因而提高了供应链的稳定性。

(1) 对于经销商来说,可以建立覆盖整个经销网络的库存池,一体化的物流系统,不仅能使经销商的库存更低,使整个供应链的库存更低,而且还能快速响应用户需求,更有效快速地运输配件,减少了因缺货而使经销商失去销售机会的情况,提高了服务水平。

(2) 对于制造商来说,经销商比制造商更接近客户,能更好对客户要求做更快的响应,并为购买产品安排融资和提供良好的售后服务,使制造商能集中精力,搞好生产,提高产品质量。

(3) 从供应链整体来看,联合库存管理减少了库存点和相应的库存设立费及仓储作业费,从而降低了供应链系统总的库存费用。

供应商的库存直接存放在核心企业的仓库中,不但保障核心企业原材料、零部件供应,取用方便,而且核心企业可以统一调度、统一管理、统一进行库存控制,为核心企业快速高效地生产运作提供了强有力的保障条件。这种库存控制模式也为其他科学的供应链物流管理,如连续补充货物、快速反应、准时化供货等创造了条件。

(二)联合库存管理的缺点

(1) 建立和协调成本较高;
(2) 企业合作联盟的建立较困难;
(3) 建立的协调中心运作困难;
(4) 联合库存的管理需要高度的监督。

四、实施 JMI 的前提条件

(一)要建立供需协调的管理机制

制造商要担负起责任,提供必要的资源与担保,使经销商相信承诺,协调其经销商的工作(有时可能是相互竞争的经销商),本着互利互惠的原则,建立共同的合作目标和利益分配、激励机制,在各个经销商之间创造风险共担和资源共享的机会。

(二)建立信息共享与沟通的系统

利用 EDI 和 POS 系统、条码和扫描技术以及 Internet 的优势,在供需之间建立一个畅通的信息系统,使各经销商协调一致,快速响应用户要求。

(三)经销商之间要建立相互信任

有的经销商会怀疑参加这样一个系统是否值得,尤其是当他的库存比别人多的时候,同时,参与进来的经销商要依靠其他经销商来帮助他们提供良好的顾客服务,这时,制造商就要大力支持,要多做工作,使经销商之间建立信任,使不同的经销商能够发挥不同领域的技能,实现联合库存管理的目标。

五、JMI 给企业库存管理带来的优势

在供应链库存管理中,为了更好地掌握市场、准确定位、获取最新信息,企业已经不能再单打独斗,而是要合作。就拿企业物流管理来说,提出了 JMI,其重点是在联合。JMI 给企业来了一些优势,具体内容如下。

(一)信息优势

信息是企业的一项重要资源,而缺乏信息沟通也是上述库存管理中出现问题的主要原因。JMI 通过在上下游企业之间建立起一种战略性的合作伙伴关系,实现了企业间库存管理

上的信息共享。这样既保证供应链上游企业可以通过下游企业及时准确地获得市场需求信息，又可以使各个企业的一切活动都围绕着顾客需求的变化而开展。

(二)成本优势

JMI 实现了从分销商到制造商再到供应商之间在库存管理方面的一体化,可以让三方都能够实现准时采购(即在恰当的时间、恰当的地点,以恰当的数量和质量采购恰当的物品)。准时采购不仅可以减少库存,还可以加快库存周转,缩短订货和交货提前期,从而降低企业的采购成本。

(三)物流优势

在传统的库存管理中存在着各自为政的弊端,上下游企业之间都是各自管理自己的库存,这就不可避免地会出现需求预测扭曲现象,产生的"牛鞭效应"极大地降低了企业的运作效率并增加了企业的成本。JMI 则打破了传统的各自为政的库存管理局面,体现了供应链的一体化管理思想。JMI 强调各方的同时参与,共同制订库存计划,共同分担风险,能够有效地消除库存过高以及"牛鞭效应"。

(四)战略联盟的优势

JMI 的实施是以各方的充分信任与合作为基础展开的,JMI 要想顺利有效运行,对于分销商、制造商和供应商而言缺一不可,大家都是站在同一条船上。因此,JMI 的有效实施既加强了企业间的联系与合作,又保证了这种独特的由库存管理带来的企业间的合作模式不会轻易地被竞争者模仿,为企业带来竞争优势。

本 章 小 结

本章以供应链库存概述作为出发点,介绍了供应链库存的概念、分类,库存成本的构成,以及供应链库存管理的基本原则、决策方法等。供应链库存决策是以存储的产品、订货的时间和数量这三个基本性问题为基础,采用定量与定性方法来解决库存成本最低化问题。当今社会的发展趋势是订货至交货周期越来越短,这样,就要求我们找出一个方法能准确地计算出再订货的时间,方法之一就是采用再订货水平。当库存水平降低到再订货点水平时,实施再次订货。

作为供应链管理的核心环节,库存管理的最佳状态应当是既能够保障生产所需的物品,又能够保证库存资金量最小。本章介绍了几种库存管理模式：供应商管理库存(VMI)策略、联合库存管理(JMI)策略等。不同的企业面对不同的情形时,应采用不同的管理模式。

复习思考题

1. 简述库存的概念。
2. 何谓独立需求库存与相关需求库存？

3. 典型的库存控制系统有哪些？
4. 解释期望损失最小法、期望利润最大法。
5. 传统的库存管理与供应商管理库存有何区别？
6. 联合库存管理实施的前提条件是什么？

【讨论案例】

台湾雀巢与家乐福的供应商管理库存

雀巢公司为世界上最大的食品公司，建立于1867年，总部位于瑞士威伟市(Vevey)，行销全球超过81个国家，有200多家子公司，超过500座工厂，员工总数全球约有22万名，主要产品涵盖婴幼儿食品、营养品类、饮料类、冷冻食品及厨房调理食品类、糖果类、宠物食品类等。家乐福公司为世界第二大连锁零售集团，成立于1959年，全球有9061家店，24万名员工。

雀巢与家乐福公司在全球均为流通业的龙头企业，积极致力于ECR方面的推动工作。台湾雀巢在2000年10月开始与家乐福公司积极合作，制订建立供应商管理库存系统的计划，目标是提高商品的供货率，降低家乐福库存持有天数，缩短订货前置期以及降低双方物流作业的成本。就雀巢与家乐福既有的关系而言，只是单纯的买卖关系，唯一特别的是家乐福对雀巢来说是一个重要的客户，有对应的业务人员。买卖方式是家乐福具有决定权，决定向雀巢订货的产品与数量。在系统方面，双方各自有独立的内部ERP系统，彼此不兼容，在推动VMI计划的同时，家乐福以EDI的方式与雀巢进行信息交换。

一、前期计划阶段

1) 确定计划范围

首先，确定计划时间。雀巢与家乐福计划在一年内建立一套VMI系统并运行。具体而言，VMI系统分为系统与合作模式建立阶段以及实际实施与提高阶段。第一个阶段约占半年的时间，包括确立双方投入资源、建立评估指标、分析并讨论系统的要求、确立系统运作方式以及系统设置。第二个阶段为后续的半年，以先导测试方式不断修正使系统与运作方式趋于稳定，并根据评估指标不断发现并解决问题，直至不需人工介入为止。

其次，确定计划的人力投入。在人力投入方面，雀巢与家乐福双方分别设有专人负责，其他包括如物流、业务或采购、信息等部门则是以协助的方式参与，并逐步转变物流对物流、业务对采购以及信息对信息的团队运作方式。

最后，经费投入。在家乐福方面主要是在EDI系统建置上的花费，雀巢方面除了EDI建置外，还引进了一套VMI系统，花费约250万新台币。

2) 确定计划目标

计划目标除了建立一套可行的VMI运作模式及系统之外，具体而言还要达到：雀巢对家乐福物流中心产品到货率达90%，家乐福物流中心对零售店面产品到货率达95%，家乐福物流中心库存持有天数下降至预计标准，以及家乐福对雀巢建议性订单的修改率下降至10%等。另外，雀巢也期望将新建立的模式扩展至其他渠道上，特别是对其占有重大销售比率的渠道，以加强掌控能力并获得更大规模的效益。相对地，家乐福也会持续与更多的主要供应商进行相关的合作。

二、子计划阶段

具体来讲可细分为五个子计划阶段。

阶段一：可行性评估、认可。评估双方的运作方式与系统，探讨合作的可行性。合作前双方评估各自的运作能力、系统整合、信息实时程度、彼此配合的步调是否一致等，来判定合作的可行性。

阶段二：高层主管承诺与团队建立。双方在最高主管的认可下，由部门主管出面协议细节并做出内部投入的承诺，确定初步合作的范围，开始进行合作。

阶段三：密切沟通与系统建立。双方人员每周至少集会一次讨论具体细节，并且逐步确立合作方式与系统建构，包括补货依据、时间、决定方式、建立评分表、系统选择与建置等。

阶段四：同步化系统与自动化流程。不断地测试，使双方系统与作业方式及程序趋于稳定，成为每日例行性工作，并针对特定问题做出处理。

阶段五：持续性训练与改进。回到合作计划的本身，除了使相关作业人员熟悉作业方式和不断改进作业程序外，还要不断思考库存管理与策略问题以求改进，长期不断进行下去，进一步研究针对促销品的策略。

在系统建置方面，对于数据传输部分，雀巢与家乐福公司双方采用 EDI 增值网络的方式，而在雀巢公司的 VMI 管理系统部分，则是采取外购产品的方式来建立。考虑家乐福的推荐、法国及其他国家雀巢公司的建议以及对系统的具体要求等，雀巢选用 Infule 的 EWR 的产品。

(资料来源：台湾雀巢与家乐福的供应商管理库存，百度资料)

〖问题讨论与思考〗

1. 结合案例，分析实施供应商管理库存系统的经验教训。
2. 试分析案例中实施供应商管理库存系统所取得的效益。
3. 雀巢与家乐福实施供应商管理库存系统的启示是什么？

第六章　供应链库存控制：
库存管理概述-库存问题分类.mp4

第七章 供应链物流管理

学习要点及目标

1. 掌握物流管理的基本概念。
2. 熟悉物流网络与供应链物流管理。
3. 理解企业物流管理。
4. 了解供应链中的物流组织与管理。
5. 理解物流业务外包。
6. 理解第三方物流与第四方物流。

核心概念

物流　物流管理　物流网络　企业物流　第三方物流

【引导案例】

供应链管理之下的物流管理

随着现代经济社会的高速发展，生产经营方式向全球化、规模化的方向发展。21世纪的产品和服务的竞争，离不开其背后供应链的巨大作用。供应链由物流、信息流和资金流构成，其中物流在供应链中起着巨大的作用，它能够将供应链上的原材料和产品进行空间地理位置的转移，其主要功能是消除商品生产和消费之间的空间、时间距离，创造空间和时间效用，并能够积极响应用户的需求。因此，供应链通过现代物流的专业化、规模化、系统化和网络化等特征得到强有力的支持和保证。

长期以来，由于供应商数目众多，考核周期难以确定，制造企业往往难以对其供应链中的所有供应商进行包括供货期、产品质量、产品价格波动等在内的汇总统计，只能依靠经验进行人为判断，或仅仅以单个或几个指标作为考核供应商的依据，带来供应商考核的片面性，无法为企业提供全面合理的供应商绩效评估参考。快速发展的信息技术为我们解决这一难题提供了有效的方法。

供应链管理和物流管理都是为企业的战略目标服务的，两者的区别在于，供应链管理从范围更广的角度出发，包含供应商、制造商、分销商和零售商等不同企业。它由多种网络结构或网结构构成，且包含物流与物流管理环节在内。而由于企业认识的不断深化，物流管理由企业内的管理内容逐渐向外延伸，成为供应链管理的重要内容。未来，企业所在供应链的成功除了在于制造高质量、高性能的产品，还要瞩目于物流管理水平。

(资料来源：根据供应链物流管理资料整理而成)

第一节 物流管理的基本概念

一、物流的概念

美国物流管理协会(Council of Logistics Management，CLM)对物流(Logistics)的定义是：

物流是供应链过程的一部分，是以满足客户需求为目的，以高效和经济的手段来组织产品、服务以及相关信息从供应到消费的运动和存储的计划、执行和控制的过程。

欧洲物流协会对物流的定义为：物流是在一个系统内对人员或商品的运输、安排及与此相关的支持活动的计划、执行与控制，以达到特定的目的。

日本对物流的定义为：物流是物质资料从供给者向需要者的物理性移动，是创造时间性、场所性价值的经济活动。从物流的范畴来看，物流活动主要包括运输、装卸、搬运、库存管理、流通加工、包装、运输、配送和物流信息等。

英国著名物流专家马丁·克里斯托夫(Martin Christopher)教授对物流的定义为：物流是战略性地管理原材料、零部件及产成品的采购、移动及储存(包括相关信息流)的过程，它贯穿整个企业及其营销渠道，以合理的成本满足客户需求，使企业目前和将来的赢利能力最大化。

《中华人民共和国国家标准：物流术语(修订版)》(GB/T 18354—2006)将物流定义为：物品从供应地向接收地的实体流动过程，根据实际需要，将运输、储存、装卸、搬运、包装、流通加工、配送、信息处理等基本功能实施有机结合。本书从供应链与物流的角度，提出供应链管理下的物流概念，即物流是供应链管理的一个组成部分，是对供应链上各种物料(包括原材料、零部件、产成品)、服务及信息从起始点到终点流动过程的计划、组织和控制活动的总称，它充分运用信息技术，将运输、仓储、装卸、加工、整理、配送等有机结合，为用户提供一体化的综合服务。

二、物流与物流管理

物流是一个空间上的物理性移动过程，存在一个起点和一个终点，并且从起点到终点的物理性移动过程包括几个基本的环节：装卸、运输、供应、仓储、采购。物流过程中移动的主体是货物及与之相关的信息。物流是一种管理活动，必须进行恰当的计划、实施与控制，确保物流过程中各个环节功能最优化，保证物流过程的有效性。物流管理的分析方法是把一个企业乃至一个供应链作为一个有机的整体来研究。加强物流管理是对企业或供应链进行整体优化。物流管理的目标是达到一定的客户服务水平。

三、物流概念的历史沿革

物流发展有两条主线，具体如下。

(一)源自"Physical Distribution"的发展

一般认为，物流管理理论与方法体系是从商品配送与军事后勤管理中演变形成的。1918年，第一次世界大战时，英国犹尼利弗的商人哈姆勋爵成立了一个"即时送货股份有限公司"，公司的宗旨是在全国范围内把商品及时送到批发商、零售商和用户的手中，这一事件被认为是物流活动最早的文献记录。1935年，美国的销售协会最早对产品物流配送(Physical Distribution)下了定义："包含于销售之中，并伴随种种经济行为的物质资料和服务从生产地点到消费地点的流动过程。"第二次世界大战期间，美国根据军事上的需要，在对军火进行供应时，首先采用了军事后勤管理。

(二)源自"Logistics"的发展

到了 20 世纪 60 年代，源于军事上的后勤管理较为广泛地应用于企业管理，先后出现了物流工程(Logistics Engineering)、企业物流管理(Business Logistics Manage)、物流配送(Logistics Distribution)等，直到形成了今天的物流管理概念，并统一用"Logistics Management"这一术语表示。美国学者鲍尔素克斯在其 1974 年出版的《物流管理》一书中对物流管理下了如下定义："以买主为起点，将原材料、零部件、制成品在各个企业之间有策略地加以流转，最后到达用户手中其间所需要的一切活动的管理过程。"这是比较全面的关于物流管理的论述。

美国物流管理协会(CLM)1976 年在定义物流管理时指出：物流活动包括用户服务、需求预测、销售情报、库存控制、物料搬运、订货销售、零配件的供应、工厂及仓库的选址、物资采购、包装、废物的处理、运输、仓储等。

1998 年，CLM 又根据物流和供应链活动要素的关系，把物流管理定义为：物流是供应链过程的一部分，是以满足客户需求为目的，以高效和经济的手段来组织产品、服务以及相关信息从供应到消费的运动和存储的计划、执行和控制的过程。

物流是供应链的一个组成部分，物流管理是对供应链上各种物料(包括原材料、零部件、半成品、成品)、服务及信息从起点到终点流动过程实施的计划、组织和控制活动的总称。

根据前文所述，《中华人民共和国国家标准：物流术语(修订版)》也对物流和物流管理下了定义，从而对我国的物流术语进行界定。

随着市场竞争环境日趋激烈，客户需求呈现多样化与个性化，消费者变得越来越挑剔。如何在竞争激烈和快速变化的市场中建立以销定产的生产经营体制和实时决策系统就成为一个尤为重要的问题。特别是通过提高对商品的预测准确率来降低企业的库存，减少交货期的延误，从而保住大量的有价值的客户。近年来，随着条形码的普及和信息技术的进步，获取销售信息变得容易起来。同时，即时的数据通信、庞大的数据库构建也成为可能。物流信息系统的建立就为解决以销定产问题指明了方向。在这一背景下，企业一方面越来越注重利用自身的有限资源形成自己的核心能力，发挥核心优势；另一方面，充分利用信息网络寻找互补的外部优势，与其供应商、分销商、客户等上下游企业构建供应链网链组织，通过供应链管理(SCM)共同形成合作竞争的整体优势。

四、物流的分类

按物流的范畴，可将物流分为社会物流和企业物流。社会物流是服务于社会的物流形式，包括物流设备的制造、运输、仓储、包装、配送和信息服务等社会物流服务的提供。它可进一步分为公共物流和第三方物流。对公共物流而言，比如公共仓库，可以用于社会上的仓储租赁服务。除了公共物流之外，还有专门进行物流服务的企业，被称为第三方物流(Third Party Logistics，3PL)。而企业物流则是服务于企业内部的物流，包括企业内部的生产物流(在生产现场进行物流活动，如装卸搬运等)、供应物流、销售物流、回收物流和废弃物流。企业物流通常是企业当中的物流部门履行其业务和职能。按照物流范畴划分的物流的分类如图 7-1 所示。

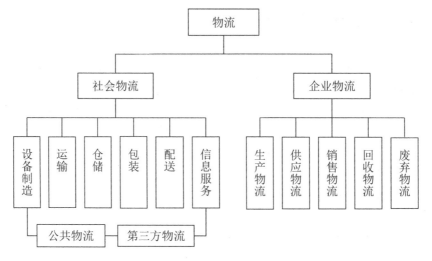

图 7-1 按照物流范畴划分的物流的分类

第二节 企业物流管理

一、物流管理战略

  战略是企业生存和发展的保证。没有战略的企业是不会长久发展的企业,没有战略眼光的企业家是不称职的企业家。物流战略是指为寻求物流的可持续发展,就物流发展目标及达成目标的途径与手段而制定的长远性、全局性的规划与谋略。现代物流管理系统处于复杂多变的环境,物流管理需要运筹与决策,要为提高供应链的竞争力提供有力保障,因此物流战略在供应链管理战略中有重要的意义和作用。

  在传统的物流管理中,由于物流被看作是企业经营活动中的辅助内容,因此许多企业没有管理战略,缺乏战略性的物流规划和运筹。有的企业虽然生产管理搞得很好,产品研究开发也很有水平,但是产品就是销不出去,原因是多方面的,其中之一可能就是物流渠道不通畅导致产品分销受阻,影响了产品的进一步生产与开发。有的企业由于原材料的供应问题没有解决好,没有建立良好的原材料供应渠道,影响了产品的生产,也同样制约了企业经营战略的实现。有的企业在售后服务方面,缺乏用户服务的观念,没有建立通畅的用户信息反馈机制,使企业的经营战略没能跟上用户的需求,由于企业没有捕捉市场信息的敏捷性,最终也落得失去用户的悲惨结局。

  供应链管理的战略思想就是要通过企业与企业之间的有效合作,建立一种低成本、高效率、响应性好、具有敏捷性的企业经营机制,产生一种超常的竞争优势,就是要使企业从成本、质量、时间、服务、灵活性等方面显著提高竞争优势,加快企业产品进入市场的速度。这种战略思想的实现需要供应链物流系统从企业战略的高度去规划与运筹,并把供应链管理战略通过物流战略的贯彻实施得以落实。

  由此可见,物流管理战略对于供应链管理来说是非常重要的,重视物流战略问题是供应链管理区别于传统物流管理的一个重要标志。

二、物流管理战略的框架

物流管理的战略框架结构如图7-2所示。

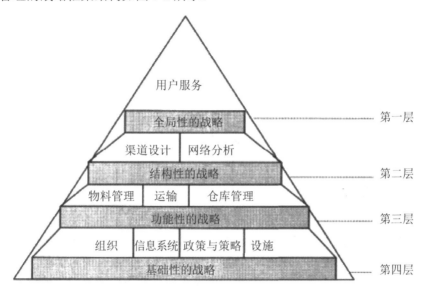

图 7-2　物流管理的战略框架结构

物流管理战略内容分以下四个层次。

(一)全局性的战略

物流管理的最终目标是满足用户需求(把企业的产品和服务以最快的方式、最低的成本交付用户),因此用户服务应该成为物流管理的最终目标,即全局性的战略性目标。通过良好的用户服务,可以提高企业的信誉,获得第一手市场信息和用户需求信息,增加企业对用户的亲和力并留住顾客,使企业获得更大的利润。

(二)结构性的战略

物流管理战略的第二层次是结构性的战略,包括渠道设计和网络分析。渠道设计是供应链设计的一个重要内容,包括重构物流系统、优化物流渠道等。通过优化渠道,提高物流系统的敏捷性和响应性,使供应链获得最低的物流成本。网络分析是物流管理中另一项很重要的战略工作,为物流系统的优化设计提供参考依据。网络分析的内容主要包括以下几个方面。

(1) 库存状况的分析。通过对物流系统不同环节的库存状态进行分析,找出降低库存成本的改进目标。

(2) 用户服务的调查分析。通过调查和分析,发现用户需求和获得市场信息反馈,找出服务水平与服务成本的关系。

(3) 运输方式和交货状况的分析。通过分析使得运输渠道更加合理化。

(4) 物流信息及信息系统的传递状态分析。通过分析,提高物流信息传递过程的速度,增加信息反馈,提高信息的透明度。

(5) 合作伙伴业绩的评估和考核。

对物流管理系统的结构性分析的目标是要不断减少物流环节，消除供应链运作过程中不增加价值的活动，提高物流系统的效率。用于网络分析的方法有标杆法、调查分析法、多目标综合评价法等。

(三)功能性的战略

物流管理第三层次的战略为功能性的战略，包括物料管理、仓库管理、运输管理等三个方面，内容主要有运输工具的使用与调度，采购与供应、库存控制的方法与策略，仓库的作业管理等。

物料管理与运输管理是物流管理的主要内容，必须不断地改进管理方法，使物流管理向零库存这个极限目标努力，降低库存成本和运输费用，优化运输路线，保证准时交货，实现物流过程适时、适量、适地地高效运作。

(四)基础性的战略

第四层次的战略是基础性的战略，主要作用是为保证物流系统的正常运行提供基础性的保障，内容包括组织系统管理、信息系统管理、政策与策略和基础设施管理。

健全物流系统的组织管理结构和人员配备，要重视对企业有关人员的培训，提高他们的业务素质。例如，采购与销售部门是企业的两个对外业务协调部门，他们工作得好坏直接关系到企业与合作伙伴的关系和企业的形象，因此必须加强对这两个部门的领导与组织工作。

三、企业的全球供应链管理网络系统

(一)建立全球的售后服务体系

实现全球供应链管理的企业需要建立完善的全球后勤服务体系，以保证物流畅通和树立良好的企业形象。海尔集团是我国成功打入国际市场、实施全球化经营的大型国有企业。海尔的洗衣机生产销售已经形成全球供应链管理模式，销售网点已分布到世界各地，形成了我国海外经营业务最大的国有企业。在进军国际市场的过程中，海尔非常关注售后服务的工作，使海尔产品在任何国家和地区都能获得满意的服务。服务至上是海尔能够成为跨国经营的大型国有企业的秘诀。

(二)建立全球供应链需求信息网络

全球化经营和本地化经营的最大不同是需求信息来源的多样化、地区差别化、消费的文化价值差异化等，因此企业要根据不同的国情，对需求特点进行分析，建立全球需求信息反馈系统。全球供应链的信息需要从一个地区反馈到另一个地区，从一个供应链节点企业到另一个节点企业，形成满足供应链管理要求的信息网络，这是维护全球供应信息的一致性，保证全球供应链的信息能够准确无误、畅通无阻，进而实现全球供应链同步化运营的关键。另外，由于不同国家的信息系统是异构的，应采用远程多代理的、统一的数据传输方式，这对提高全球信息系统的运行速度与效率非常重要。

(三) 建立全球化合作关系网，提高物流效率

由于全球供应链跨越不同的国家和地区，物流过程要经过海关、机场、港口等，运输过程十分复杂，有汽车、飞机、轮船等各种运输工具，还有不同国家的管理与地区性政策等都会导致物流过程的效率变低。为了提高物流效率，必须建立全球化的合作关系网，通过和当地的物流部门进行合作，把部分业务外包给当地企业，如代理销售、代理运输、代理库存管理等，或建立联合经营体，如地区分销中心等，这些措施可以大大提高物流系统的效率。

第三节　供应链中的物流组织与管理

一、供应链物流组织模式

(一) 核心企业作为用户企业的组织结构模式

作为用户企业的核心企业，它本身拥有强大的销售网络和产品设计等优势，销售、用户服务这些功能就由核心企业自己的销售网络来完成。因此供应链组织结构的构建主要集中在供应商这一部分。供应链管理的中心转到供应商的选择、信息网络的设计、生产计划、生产作业计划、跟踪控制、库存管理、供应商与采购管理等方面。

(二) 核心企业作为产品/服务的供应者的结构模式

这类核心企业本身享有供应和生产的特权，或者享有在制造、供应方面不可替代的优势，比如能源、原材料生产企业，但其在分销、用户服务等方面则不具备竞争优势。因此在这一模型中，供应链管理主要集中在经销商、用户的选择、信息网络的设计、需求预测计划与管理、分销渠道管理、用户管理与服务等方面。

(三) 核心企业同时作为产品和服务的供应者和用户的结构模式

这类核心企业主要具有产品设计、管理等优势，但是，在原材料的供应、产品的销售及各市场用户的服务上缺乏足够的力量，因此，它必须通过寻求合适的供应商、制造商、分销商和用户构建成整个供应链。供应链管理需要协调好产、供、销的关系，并对信息网络的设计、计划、控制、支持管理、物流管理、信息流管理等方面进行管理。

(四) 核心企业作为连接组织的结构模式

这类核心企业往往具有良好的商誉和较大规模，并且掌握着本行业大量的信息资源。它主要是通过在众多中小经销企业和大的供应商之间建立联系，代表中小经销企业的利益取得同大的供应商平等的地位，从而建立起彼此合作的战略伙伴关系。供应链管理主要集中在中小经销企业与大的供应商之间的协调、信息交换和中小经销企业的控制等方面。

二、供应链物流组织模式的评价指标

当供应链物流的组织运作模式建成后，要对其进行评价，应该建立如下评价指标。

(一)柔性指标

供应链的组织模式就是为了能够更好地适应激烈竞争的市场,及时满足用户的要求,如交货期、交货数量、商品质量等以及某些特殊要求。从而,供应链柔性的高低就成为评价供应链组织结构合理性的一个指标。因此,围绕不同核心企业所构建的供应链,组织结构模式也应不同,即要求供应链物流的组织模式的构建必须以能适应市场要求为第一标准。

(二)集成指标

供应链物流在于它将链中的企业加以集成的形式,使得链中企业的资源能够共享,获得优势互补的整体效益。供应链物流集成包括信息集成、物资集成、管理集成等。集成度的高低或者说整体优势发挥的大小,关键在于信息集成和管理集成,即需要形成信息中心和管理中心。

(三)协调指标

供应链物流的协调包括利益协调和管理协调。利益协调必须在供应链物流组织模式构建时将链中各企业之间的利益分配加以明确。管理协调则要求适应供应链组织结构要求的计划和控制管理以及信息技术的支持,协调物流、信息流的有效流动,降低整个供应链物流的运行成本,提高对市场的响应速度。

(四)简洁指标

供应链物流中每一个环节都必须是价值增值的过程,非价值增值过程不仅增加了供应链物流管理的难度,也增加了产品/服务的成本,而且降低了供应链的柔性,影响供应链中企业的竞争实力。因此在设计供应链物流的组织模式时,必须慎重选择链中企业,严格分析每一环节是否存在真正的价值增值活动。

(五)稳定指标

供应链物流是一种相对稳定的组织结构形式,影响供应链物流稳定的因素一个是供应链中的企业,它必须是具有优势的企业,即要有竞争力,如果供应链物流中的企业不能在竞争中长期存在,必然影响整个供应链的存在;另一个就是供应链物流的组织结构,比如说供应链的长度,供应链的环节过多,信息传导中就会存在扭曲信息,造成整个供应链物流的波动。供应链物流组织模式是一个复杂的问题。本文从宏观角度阐述了供应链物流组织重构及相关问题,至于供应链物流中企业间的关系、供应链物流管理的具体实施等问题都对组织模式的有效运行产生重要影响,因此对供应链物流及其管理的深入研究将为我国企业转制、重组、参与国际竞争提供一条新的思路。

三、供应链系统中企业物流管理的不足之处

(一)企业物流管理观念陈旧

虽然我国物流管理取得了较大发展,但仍旧存在一些问题与不足,首先来分析其观念问题。我国多数企业采用的仍旧是传统产品供应销售方式,只是单纯地在企业内部实施物流管理,企业物流管理的职能也就不能充分地发挥出来,不利于企业进行系统合理分工,

供应链下的企业物流管理也就不能真正体现其价值与作用。我国人民的消费水平与生活水平日益提高，对物流的要求也进一步提高，因此应该积极改变陈旧落后的管理思想与理念，提升企业物流服务效果。

(二)企业物流设施设备落后

我国大部分企业的物流设备都是比较落后的，缺乏大型自动化物流设备，大多数物流作业仍以人工方式为主，没有将信息化技术充分地运用到其中，物流管理的服务效率也难以提高，物流设备较为落后陈旧已经不能满足企业物流发展的需要。与物流设备陈旧落后相对应的就是物流管理规范缺乏，企业在物品储运过程中不能实现整体管理与运转，物流管理自动化水平偏低。

(三)企业物流管理人才缺少

经济发展日益全球化，我国与外国之间的交流日益增多，交流业务范围也在不断深入与广泛，现在物流企业需要的不仅是具有很强素质的人才，更需要具备很强外语能力的人才。但是我国现在的物流管理人才培养体系比较落后，无法培养出真正满足企业物流管理体系要求的人才，极大地制约了我国企业物流管理的发展与进步。

四、供应链管理模式下的企业物流管理创新

(一)重构物流流程

供应链管理模式始终强调，基于供应链条上跨企业的资源综合利用与合理整合。这意味着主体企业必须维护良好的客户关系和企业合作。现代社会，客户对各类产品及服务的需求日益提升，且个性化要求逐步增多，而客户基于产品的需求，是推动企业构建完善的物流体系、实施科学物流管理方式的重要动力。各个企业应积极转变理念，不能单纯将物流体系归结为物品的运输与处理，而应提升到物品的保值增值、降低企业成本、提高企业产品核心竞争力等方面，继而根据企业业务类型量身制作，构建行之有效的服务体系。各个企业应顺应消费者需求，依据整个产业价值流，构建融物料供应、生产与产品配送于一体的物流供应链，形成连续、直接、简便，且不需回流的增值物流链条。

(二)构建多方合作关系

当前，经济产业格局中的竞争已发展为企业良好的供应链竞争，但许多企业，尤其是中小型企业却难以达到此要求，仍较多地沿用传统的管理模式，缺乏对物流系统的重视和合理规划。生产企业过于注重自身的利益，难以兼顾甚至是牺牲合作企业或上下级企业的利益，盲目地要求产品的零库存。长此以往，企业本身及其所在的整个产业供应链条都会产生诸多问题，不仅会影响合作关系，甚至会导致原有产业竞争力的丧失。供应链管理模式依靠产品物流体系，将生产企业本身各个部门和供应链条上的多方企业相连接，变革了以往不同企业间相互独立甚至对立的理念，强化合作，构建利益关联机制，通过不同企业的业务联合和具体实施，进行资源合理配置和有效整合，进而提升产业链条整体的竞争力。

(三)创新企业组织结构

以往,企业组织结构大多属于"金字塔"式的层级模式,管理力度不强,产品的仓储入库、产品物流运输、库存管理、订单管理、生产物料控制等相关物流工作,均受企业生产部门、销售部门的管理,物流并不是企业单独的一项体系性工作,而是对其进行了分割,分属于不同的部门和领域。物料物流、产品供应物流和运输,更多的是各自为政、彼此独立,不仅不利于物流工作的有效开展,也加大了物流管理成本。随着现代企业业务类型的变化和流程再造,企业的组织结构也必然需要进行针对性的变革,转变为注重流程管理的扁平化结构,构建合理的物流管理部门,促进企业产品生产、供给与销售的统一化。

(四)促进信息共享

为迅速有效地应对市场变化,及时调整方案和工作计划,在供应链管理环境下,处于供应链链条上的各个节点企业,应积极获取并整合相关信息,构建良好的信息分享平台,及时将信息传送给其他相关企业。否则,就难以实现完善的物流管理系统。信息能够帮助企业对用户需求进行准确判断,并制订生产销售计划,促进物流、资金流、信息流的集成。

第四节 物流业务外包

一、物流外包的内涵

为了有效和高效地进行物流活动,企业可以考虑以下选项。
A. 通过自身的物流提供服务;
B. 通过建立或购买物流公司来拥有物流子公司;
C. 通过外包功能,购买其他企业的物流服务。

前两个选项,企业需要进行投资和建立基础设施。A 选项中,企业还需要额外花费精力来进行物流管理。例如,我国的京东集团 2007 年开始自建物流,2017 年 4 月 25 日正式成立京东物流集团。目前,京东物流拥有中小件、大件、冷链、B2B、跨境和众包(达达)六大物流网络。B 选项需要企业拥有一定的规模和实力,且在其业务拓展的时候可以采用此选项。例如,美国的 Apollo Global Management 是全球领先的另类投资管理公司,它在全球多地都设有分支机构。2019 年,它收购美国 EQT Infrastructure 一家旗下的物流企业 DCLI 及其子公司 Blume Global。C 选项中,当企业专注于自身的核心业务时,选择物流外包的策略,是降低企业物流成本,提升企业乃至供应链效率的良好途径。物流外包离不开供应链和第三方物流。下文将对物流外包的内涵进行解释说明。

(一)什么是物流外包

物流外包(Logistics Outsourcing)是指生产或销售等企业为集中资源和精力,在自己的核心业务上,增强企业的核心竞争能力,而把自己不擅长或没有比较优势的物流业务部分或全部以合同方式委托给专业的第三方物流公司运作。美国咨询公司的 A.T. Kearney 和 Jon Africk 将它定义为由单一供应商在合同基础上提供的多种物流服务。他们提出,"至少两种捆绑和组合的服务,利用专用于物流过程的独立信息系统,实现单点问责制。"但是,这种物流服务也可能只局限于一种类型。

传统的物流活动由企业内部作为支持职能,处理物流相关活动,如运输、分销、仓储、库存管理等,物流部门被赋予较低的优先级。然而,企业为了发展可持续的竞争优势,越来越重视有效和高效地提供良好的客户服务,导致了物流活动从企业内部演变为合同制物流,即物流外包,它与传统物流有很大不同。

物流外包是一种长期的、战略的、相互渗透的、互利互惠的业务委托和合约执行方式。

(二)物流外包发展的起因

在戈德史密斯(1989)的研究中,公共仓储可能是物流外包最古老的形式。而准时制(JIT)生产和准时采购的日益流行是促进物流外包的一个主要原因。随着向准时制交付的转变,库存和物流控制对制造和分销业务变得更加重要。在准时制环境中运营的复杂性和成本,促使许多潜在的采用者通过使用公司结构之外的资源来补充他们自己的资源和专业知识。新兴技术和第三方物流企业的多功能性是外包的两个重要驱动力。一方面,由于在内部开发和实施新技术既耗时又昂贵,企业通过购买第三方的技术可以省时省力。另一方面,第三方物流企业的多功能性使它们能够在控制、技术和位置方面提供改进,将固定成本转化为可变成本,将有能力重新配置分销系统,以适应不断变化的市场或技术进步。第三方物流提供商可以通过快速和优质的客户服务来提高客户的价值创造,从而使他们变得更有竞争力和更有利可图。本章第五节将介绍第三方物流企业的相关内容。

企业物流外包的目的就是以供应链为腹地,跨越企业边界合理配置资源,提高企业核心竞争力。其推动力来自竞争和供应链的发展,因为 21 世纪的竞争不是企业与企业之间的竞争,而是供应链与供应链之间的竞争,这就是企业物流外包的基本推动力。企业物流外包不单是业务形式的变化,还有更深层的原因。从发展核心竞争力的角度看,企业物流外包是一个相当紧迫的问题。物流外包有利于企业集中精力发展核心业务,分担风险,加速企业重组,实现规模效益。因为第三方物流具有资源优化配置,可以提供灵活多样的顾客服务,为顾客创造更多的价值,发挥信息技术优势。

二、物流外包的优势分析

(一)减少企业的固定资产投资

物流外包减少了企业对物流设施和物流设备的投资,降低了企业的固定成本,这使得企业在适应市场变化上具有更大的灵活性。针对市场上的客户需求,企业只需要签订必要的服务水平合同来满足当前的需求即可,不必担心由于需求过量而造成自身能力不足,以及交货的延迟,因为企业可以和第三方物流签订合同,由第三方物流企业通过提供专业化的物流服务来解决这一问题。

(二)使企业更专注于核心业务的发展

通过协调生产和运输计划,物流外包减少了企业的在产成品库存,提高了库存周转率。物流外包还使企业能够快速响应营销、制造和分销的变化,并有助于提高准时交货。企业因此也通过此项活动，获得了外部的物流专业知识，通过整合，改善企业自身的物流服务，并且提高了客户满意度。

三、物流外包失败的根源

(一)抵制变化

缺乏先进的信息技术将制造商、承运商、仓库和客户关联运作，往往会造成物流外包的障碍。外包的一个主要障碍是难以获得组织支持。管理层对外部公司提供与公司员工一样高水平的服务缺乏信心，这是一个主要问题：第三方满足用户要求的能力可能不足，难以评估通过外包获得的节约会产生额外的问题。此外，使用外部公司可能会使公司的后勤人员担心他们的工作安全：可能会产生被裁员的恐惧。

(二)害怕失去控制

为了最大限度地利用外部物流服务，企业必须首先了解可以外包的各种物流功能。如果未能正确选择或管理供应商，供应商的承诺不可靠，他们无法响应不断变化的要求，他们缺乏对买方业务目标的理解，以及更换供应商的困难，都被他们的用户称为潜在问题。

企业自建物流体系的一个重要原因是掌握控制权，因为自建物流可以根据掌握的资料对物流活动的各个环节进行有效的调节，能够迅速取得供应商、销售商以及最终顾客的第一手信息。而物流外包则是将物流业务交付给第三方物流企业，涉及的物流和信息流等信息数据由第三方物流企业优先获取，企业从而失去物流和信息流的控制。

(三)缺乏合格的专业的物流顾问

在选择了要外包的物流功能后，公司需要从潜在的供应商中进行选择。接下来是谈判阶段。物流外包中的一些关键要素是有竞争力的价格、设备需求、服务标准、特殊项目等，对于企业来说，在此阶段需要由合格专业的物流顾问进行指导和提供合适的建议。因此，这也是一个客观存在的问题，由此可能会导致物流外包的失败。

四、物流外包成功的关键因素

要使物流外包发挥作用，采购公司需要高度的承诺和决心。管理层必须批判性地审视这些成功因素，以确定如何将它们付诸实践。只有到那时，企业才能真正利用外包的好处，发展长期合作伙伴关系，展示使用第三方物流可能带来的诸多优势。

(一)企业内外有效的沟通

首先，物流外包势必要由企业高级管理层做决策。物流用户和供应商之间的沟通，对于内部公司职能和外包物流的协调至关重要，也是企业内外有效沟通的一个非常重要的因素。企业需要向服务提供商明确说明他们的角色和责任，以及他们的期望和要求。内部沟通也同样重要。有人断言，管理者必须准确地传达他们外包的内容和原因，然后得到每个部门的支持。需要说服管理层尝试外包，并将其视为一项战略活动。

(二)相互信任的合作伙伴关系

外包的成功取决于基于相互信任和信念的用户—供应商关系,这并不意味着控制措施是多余的,公司应该要求服务提供商定期报告,明智地选择第三方并在建立信任的同时保持控制非常重要。任何交易都必须与内部控制相联系,将所有付款与发票、提单或采购订单相联系。与信任相联系的成功外包的一个方面是,用户应该愿意放弃专有信息,这可以帮助有能力的第三方降低总物流成本。另一方面,服务提供商有责任和义务保护用户关于产品、装运和客户的敏感数据。物流外包的好处体现在伙伴关系中,这些伙伴关系需要第三方在持续的长期基础上做出承诺,而不仅仅是在短期的合同基础上。采用双向反馈系统,伙伴关系因沟通而蓬勃发展,沟通使双方能够讨论问题并决定行动计划。

(三)制定有效的物流外包评价体系

制定有效的物流外包评价体系是以客户为中心,制定操作标准并对照这些标准监测绩效,了解回收期、公司期望的收益以及实现这些收益的方法。意识到外包可能需要比公司习惯的更长的服务期限,以及建立允许公司进行持续成本/价值比较的信息系统等因素也很关键。理解对方的文化和组织结构,以确保一个很好的匹配,了解物流战略,满足企业的业务目标。可以建立一个衡量合作伙伴绩效的正式系统,帮助验证提供商是否遵守服务合同条款,并帮助识别问题点。

第五节 第三方物流与第四方物流

一、第三方物流

第三方物流是相对"第一方"发货人和"第二方"收货人而言的,是由第三方物流企业来承担企业物流活动的一种物流形态。3PL 既不属于第一方,也不属于第二方,而是通过与第一方或第二方的合作来提供其专业化的物流服务,它不拥有商品,不参与商品的买卖,而是为客户提供以合同为约束以结盟为基础的系列化、个性化、信息化的物流代理服务。随着信息技术的发展和经济全球化趋势,越来越多的产品在世界范围内流通、生产、销售和消费,物流活动日益庞大和复杂,而第一、二方物流的组织和经营方式已不能完全满足社会需要;同时,为参与世界性竞争,企业必须确立核心竞争力,加强供应链管理,降低物流成本,把不属于核心业务的物流活动外包出去,因此第三方物流应运而生。

(一)第三方物流的基本概念

第三方物流(3PL)是一种实现供应链集成的有效方法和策略,它通过协调企业之间的物流运输和提供后勤服务,把企业的物流业务外包给专门的物流管理部门来承担,特别是一些特殊的物流运输业务。由于服务业的方式一般是与企业签订一定期限的物流服务合同,所以也有的称第三方物流为合同契约物流(Contract Logistics)。第三方物流系统能够为客户提供物流服务,如集成运输模式、仓库管理,或者是为供应链客户提供联合仓库,进行仓储服务,还有顾客订单处理等。

(二)第三方物流的作用

由于第三方物流企业独立于第一方制造企业和第二方下游的企业,因此可以把它看作是一种实现供应链集成的作用。第三方物流企业为所需要的客户提供集成化运输模式,它使得供应链企业的小批量库存补给变得更为经济。第三方物流企业不但提供运输服务,还可以提供其他各种客户需要的服务,如仓库管理(联合仓库)、集货、配送和流通通加工等。

(三)第三方物流的主要服务领域

第三方物流企业在全球范围内发挥着重要的作用,它所提供的服务包括运输服务和仓储服务,还有的包括供应链的一些深层次活动,如库存补充和产品装配。除此之外,还包括外包运输服务、外包仓储以及公司外包物料的搬运系统。

(四)第三方物流企业的优势

第三方物流能够从如下方面提升企业竞争优势,如专业化的优势、信息系统优势、业务网络优势、服务能力优势。企业方选择第三方物流企业的原因是,可以将资源集中在企业自身的核心业务,降低物流费用和提高物流服务水平。

二、第三方物流企业的选择

在选择第三方物流企业时,需要考虑以下问题。

第一,第三方物流企业的服务水平和总体能力是否可以胜任外包的项目。举例来说,企业在寻求物流服务的时候,也会考虑到淡旺季的问题。当企业的客户阶段性需求量大时,需要企业寻求第三方物流企业进行物流活动。而成本和第三方物流企业的能力和提供服务的质量都会纳入企业的考量。如果企业只重视成本,那么物流服务质量有可能会下降。同时,第三方物流企业的规模各不相同,提供物流服务的能力也不同,因此需要对第三方物流企业进行评估,以选择一个合适的企业匹配。

第二,第三方物流企业能否提供定制化的物流实施方案,在时间和服务方式上能否满足企业的特殊要求等。当考虑第三方物流企业能否为企业客户提供定制化的物流实施方案时,更多的是将第三方物流企业纳入客户企业的供应链中考虑。因此,第三方物流企业的企业能力,特别是在时间和服务方式上能够满足客户企业尤为重要。

第三,第三方物流企业的资信程度如何,对物流服务过程中的商品损毁、缺失如何进行赔偿。企业客户在寻找第三方物流企业时,会考虑到第一次合作之后,未来能否和第三方企业长期合作,因此第三方物流企业的信誉程度非常关键。例如,第三方物流企业如何应对在提供物流服务时遇到的问题,是积极解决还是相反。

第四,第三方物流企业的服务费用结算条款如何,是否允许一定期限的延期支付。在供应链中,资金流是逆向的,其原因是资金的回流是从消费者购买商品开始,再回到零售商、分销商、制造商和供应商。因此,如果能够允许一定期限的费用延期支付,那么企业客户将会更加愿意和此第三方物流企业进行合作。

第七章　供应链物流管理

三、第四方物流系统

(一)第四方物流的基本概念

第四方物流(Fourth Party Logistics)是一种解决物流规划功能外包问题的物流方案。它是由独立于现有物流系统各个环节的，与原物流系统无直接利益关系的"第四方"提供，将其自身的资源、能力和技术同来自补充服务提供者的资源、能力和技术集合起来，并对之进行管理，从而提供一体化的物流解决方案。

1998年美国埃森哲咨询公司(Accenture)率先提出第四方物流这一概念。第四方物流是专门为第一方、第二方和第三方提供物流规划、咨询、物流信息系统、供应链管理等活动。第四方并不实际承担具体的物流运作活动。第四方物流由第四方物流服务的提供者运用自身的特长，为客户提供物流系统的规划决策"正向协作"的工作方式、解决方案整合的工作方式、行业革新的工作方式。

(二)第四方物流的基本特征

第四方物流有能力提供一整套完善的供应链解决方案，是集成管理咨询和第三方物流服务的集成商。第四方物流是通过对供应链产生影响的能力来增加价值，在向客户提供持续更新和优化的技术方案的同时，满足客户特殊需求。成为第四方物流企业需具备一定的条件，如能够制定供应链策略、设计业务流程再造、具备技术集成和人力资源管理的能力，如在集成供应链技术和外包能力方面处于领先地位，并具有较雄厚的专业人才，如能够管理多个不同供应商并具有良好的管理和组织能力等。

(三)第四方物流的基本功能

(1) 第四方物流为供应链提供管理功能，即管理从货主、托运人到用户、顾客的供应全过程。

(2) 第四方物流为运输提供一体化功能，即负责管理运输公司、物流公司之间在业务操作上的衔接与协调问题。

(3) 第四方物流为供应链再造功能，即根据货主/托运人在供应链战略上的要求，及时改变或调整战略战术，使其经常处于高效率地运作。第四方物流的关键是以"行业最佳的物流方案"为客户提供服务与技术。

(四)第三方物流和第四方物流的联系与区别

第三方物流要么独自提供服务，要么通过与自己有密切关系的转包商来为客户提供服务，它不大可能提供技术、仓储和运输服务的最佳整合。因此，第四方物流成了第三方物流的"协助提高者"，也是货主的"物流方案集成商"。

第四方物流是在整合第三方物流的基础上发展起来的，因此只有在大力发展第三方物流企业的环境下，第四方物流才会有发展的契机。现代社会信息化高度发展，电子商务逐渐取代传统的经营模式。物流行业的发展与信息时代的结合是物流发展的必然趋势，通过融合电子商务与现代物流，将来自各个领域与各个行业的信息进行高度的整合，从而建立完善且科学的物流信息平台，逐渐衍生出一种取代传统的第三方物流模式的第四方物流模式。为了适应现代社会的发展，完善物流服务，供应链的管理与完善至关重要。在这个方面，第四方物流模式提供了一整套完善的供应链解决方案。在第四方物流模式下的供应链管理中，物流管理人员通过综合信息平台的种种信息，拥有集成管理咨询和第三方物流的能力，能够降低实时操作的成本和改变传统外包中的资产转换，有助于提高经济效益。

本 章 小 结

从供应链的角度来看，物流是贯穿于供应链之中，通过运输、仓储、配送、装卸搬运、流通加工、包装和信息等活动，为供应链进行一体化运作的活动过程。物流服务的衡量指标通常包括可得性、运作绩效和服务可靠性。在本章中，除了学习物流的相关概念之外，还学习第三方物流和第四方物流两种形式。通过对比传统的物流管理和在供应链上的物流，能够从更多元化更深的角度对物流管理进行认知。

物流与供应链并不是相同的概念，供应链包含物流活动，物流和资金流、信息流同在供应链中。企业在供应链中必须重视物流管理，因为物流管理有助于支持在供应链中各个节点之间的"物"的流动，以及库存等信息对供应链进行有效的协调。

复习思考题

1. 请解释说明物流管理的基本概念。
2. 物流网络与供应链管理的关系是什么？
3. 物流业务外包对于企业和供应链来说有什么好处？
4. 请解释说明第三方物流与第四方物流。
5. 企业客户在选择第三方物流企业时，应注意哪些问题？
6. 请列举我国或国外市场上的知名第三方物流企业，并说明它们的业务范围。

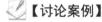
【讨论案例】

新能源汽车的供应链物流

国内新能源产业起步较早，自 2001 年"863"电动车重大专项计划诞生起，经过十余年的持续发展，销售规模已突破 100 万台/年大关，年均增速超过 80%。从全球视角来看，国内新能源汽车销量占全球的近 50%，已连续 5 年占据全球第一，成为无可争议的新能源行业领导者。中国电动汽车百人会副理事长兼秘书长、车百智库研究院院长张永伟表明，新一代汽车形成了电动化、智能化、网联化三条新供应链。整车企业、零部件企业、跨界企业等都需要重新梳理自身在新供应链条中的定位与价值，需要重新定义供应链关系，共同研发、数据共享、加速迭代、并购重组已成为形成新供应格局的主要方式和重要动力。

现代摩比斯（Hyundai mobis）作为现代起亚汽车集团三大主力之一，是排名世界第七的汽车零部件供应商，为现代及起亚汽车提供维修和更换的零部件种类已超过 300 万种。由于产品数量巨大，这些汽车零部件的供应效率不高，零部件库存管理方面面临的形势比较严峻。为了实现物流信息的互联互通，摩比斯研发出以大数据为基础的售后零部件集成信息系统"MAPS(Most Advanced Parts System)"。该系统能实时确认摩比斯在全球零部件的生产流程与物流配送情况，不仅可以节约物流成本，也可依靠大数据在海外迅速做出决策，保证为顾客提供高效的售后服务。

物流活动从本质上说是实际的运作。实现物流的稳定性是企业头等重要的目标。焦点企业必须建立设施，组成设施网络；准确地传递企业所面临的问题，并实现信息的共享；执行各项物流工作，同时更为重要的是，有效地管理并维持好运作供应链的稳定性。

(资料来源：根据罗兰贝格《中国新能源汽车供应链白皮书 2020》及现代摩比斯行业新闻整理)

〖问题讨论与思考〗
1. 根据案例，分析现代摩比斯在新能源汽车供应链中的作用。
2. 如何看待新能源汽车供应链和物流活动的关系？

第七章　供应链物流管理：
第三方物流与第四方物流.mov

第八章　供应链信息管理

学习要点及目标

1. 了解供应链管理中的信息问题。
2. 理解供应链中的信息管理。
3. 理解基于供应链管理的企业信息集成系统。
4. 了解基于供应链的企业信息系统集成的基础技术。
5. 掌握基于供应链管理的企业信息系统。

核心概念

信息管理　企业信息集成系统　信息技术

【引导案例】

信息技术在供应链管理中的实践

世界上最大的物流服务提供商之一美国联合包裹运送服务公司(United Parcel Service, UPS)重新定义了其服务，从包裹的物理移动到"同步商务"的解决方案。它的信息技术架构实现了数据完整性和与客户应用程序的连接，提供了存储或运输中库存的实时可见性。客户可以利用这种可见性来改善库存管理、资产效率和市场响应能力。同时，UPS 近年来一直在密切跟踪无线射频识别技术(RFID)，并有多项有关 RFID 技术的测试项目正在进行。这家跨国物流供应商表示，一旦客户有相关需求，公司将立刻把 RFID 技术运用到公司的包裹跟踪处理流程中。思科(Cisco)是全球领先的网络解决方案供应商。思科系统创建了一个数字平台，用于在客户、合同制造商和物流提供商之间近乎实时地传输信息。这有助于在全球供应链中进行响应性的协作规划和资源的高效协调。供应链管理是企业减少成本、增加利润的重要管理模式，信息则是供应链管理中的一个重要环节。与此同时，产生的信息危机严重影响了供应链管理的效率。研究供应链管理中的信息技术显得十分重要。

(资料来源：根据物流及信息技术行业企业新闻整理)

第一节　供应链中的信息管理

供应链由物流、资金流和信息流构成。信息流从信息产生到信息传递，产生信息价值。比如在供应链上，有市场信息、消费者的需求信息、物流信息和数据信息等类型。信息共享是供应链协同运作成功的关键因素。利用信息系统和信息工具所进行的信息共享，使得供应链上进行共享的节点企业能够及时地掌握市场的最新需求信息和整个供应链的运行情况，从而更好地制订生产和销售计划。由于供应链上的企业和企业之间在信息传递过程中具有一定的阻碍，比如信息安全问题、商业机密问题，因此在传递过程中，如何能够准确且传递合适的信息尤为关键。每个节点企业所需要共享的信息透明地与其他节点企业进行交流与共享，将企业内部与外部企业和供应链有机地结合，并通过信息共享有机地集成起来进行管理，以达到供应链全局动态最大化目标。而实现信息有效传递和有效共享的方式即是供应链中的信息管理。

一、传统供应链管理中的信息问题

传统的供应链中，各个企业成员处于非战略合作伙伴关系，一般较少有意愿向其他的合作伙伴共享自身的商业信息和运营信息。早期，信息系统还未大规模应用时，信息的处理方式主要采用手工记录，即在传统的供应链库存管理中，订单是公司唯一交换的信息。手工处理信息不但效率较低，而且容易出错，还需要花费人工成本。这种方式也阻止了企业间的交流与发展，因为这些企业供应链成员只是将信息看成竞争资源，并没有清楚认识到信息所能够带来的真正价值。

在传统供应链的各个成员内部，按照功能划分的信息系统像岛屿的分布一样，顾客服务、会计计算、制造和分销系统分别通过各自独立的系统，极大地影响了信息的共享性。结果是供应链成员之间不能及时、精确地获得信息，有时甚至在一个成员内部，信息也达不到完全和及时的共享，这就必然增加了作业和计划的不确定性，使得在各个环节上的成员不得不采取缓冲库存和安全库存的方式来适应这种不确定性，使得整个供应链的运作效率降低，库存成本增加；同时信息的可得性、及时性受到影响，供应链上各企业对于市场的需求反应迟缓，供应链的客户端需求的变化，沿着供应链向上游逐级转移，由于没有和潜在的客户需求及时沟通，往往要经过很长的一段时间，才能反馈到制造商和上游的供应商手中，无法做到更快地向市场供应产品。传统供应链管理中的信息问题主要表现在以下几个方面。

(一)信息虚假造成供应链运作效率低

供应链管理是为了适应生产国际化、经济全球化的外部竞争环境应运而生的，供应链上的每个企业都是为了使自己的竞争优势得到更好的发挥，并获得更大的利润而结合在一起的。因此供应链每个环节上的企业都要相互合作，通过相互分担责任和风险来增强自身的竞争力和获取利润。但是，为了企业自身利益，在达不到供应商要求的情况下，为了能与供应商合作，有的企业对信息和数据进行伪造，以求达到对方的要求，进一步侵害供应链上的其他企业的利益，从而造成供应链运作失败。

(二)信息不充分和不对称导致供应链紊乱

1. 信息不充分导致供应链紊乱

一条供应链是由供应商、制造商、分销商、零售商等环节构成的，而每个环节又是由多个企业组成的，因此信息在供应链的传递过程中难免会产生变化、丢失的现象，导致供应链中某个环节获取的信息不充分，进而会使该环节上的企业无法正确地做出管理决策，而这个环节的失误又会引起其他环节企业所做的决策不准确，这就是由于信息的不充分导致的供应链紊乱。

2. 信息不对称导致供应链紊乱

信息的不对称可分为两种：一是信息时间的不对称，二是信息内容的不对称。信息时间的不对称是指供应链不同环节上的企业所获得的同一市场的需求信息不同步，其各自所做出的预测与决策也会因此产生差异，可能会造成产品的供大于求或者供不应求。而信息内容的不对称是指供应链上每个企业得到的信息或多或少，因此每个企业进行管理活动的效率也就有高有低。因为供应链上的所有企业是利益相关的整体，每个环节所进行的活动都会直接影响其上、下游的企业，所以，信息不对称同样会导致供应链紊乱。

(三)信息不确定造成供应链风险

供应链上的每个企业都能够通过各种渠道获取相关信息，但其中会存在许多无法确定其真正来源与真实性的信息，这就是信息的不确定。信息不确定会影响企业决策的准确性，进而导致供应链企业的活动存在一定的风险，使其管理活动偏离预定的目标。由于信息不确定带来的供应链风险主要有以下几种。

1. 行为主体风险

行为主体风险是指处于供应链中的供应商、制造商、分销商、零售商及服务商由于管理水平不同、对相应信息的把握程度不同而造成的行为主体之间的利益发生冲突，导致行为主体自身及行为主体之间的风险。

2. 系统结构风险

系统结构风险是指由于信息不确定导致的供应链的结构设计不合理进而带来的一些风险。例如，运输配送结构网络设计不合理，会使产品在有些地区积压，而在有些地区却出现短缺的现象，既没有完全满足市场要求，又造成了大量运输费、配送费的增加，使供应链的运行效率低下。

3. 协作风险

协作风险主要是指由于信息的不确定致使供应链上的每个企业之间的沟通协作不畅通、不完善而造成的风险。可能表现为企业间的不同企业文化和管理模式的冲突、合作协议的漏洞等。

(四)信息失真带来供应链"牛鞭效应"

"牛鞭效应(Bullwhip Effect)"是供应链管理中最主要的信息危机。由于市场需求信息是由最终用户流向供应商，而在需求信息的传递过程中，需求的波动性表现为由零售商向分销商发出订单需求的波动性大于用户需求的波动性，而分销商向制造商发出订单需求的波动性又大于零售商订单需求的波动性，以此类推，就出现了供应链上游环节的需求波动大于下游环节，导致信息在传递过程中失真，甚至扭曲放大，这种信息扭曲和放大作用在图形上的显示很像甩起的牛鞭，因此被形象地称为"牛鞭效应"。"牛鞭效应"给供应链管理带来的负面影响主要有以下几个方面。

1. 影响生产计划的制订

由"牛鞭效应"带来较大的需求波动性，给制造商制订生产计划带来了很多困难，有时可能停止生产,有时又可能加班加点、仓促生产,这样不仅使生产的产品质量有所下降,还会造成生产成本的增加。

2. 引起大量库存

由于"牛鞭效应",使物流在从供应链的下游环节流向上游环节的传递过程中出现逐级递增的现象,导致每个成员相应增加了库存,一方面造成大量资金的浪费,另一方面随着市场需求的不断变化会面临库存过剩的风险。

3. 导致生产能力得不到充分利用

"牛鞭效应"使需求信息的波动沿着供应链从下游环节到上游环节呈逐渐放大的趋势,这就会使制造商盲目扩大生产。即使在市场需求不大的情况下,制造商也会进行大量生产,浪费了生产能力与资金,最终使企业的生产能力得不到合理利用。

二、供应链中信息管理的重要性

有效的供应链管理离不开信息系统提供可靠的支持。信息技术的应用有效地推动了供应链管理的发展,它可以节省时间和提高企业信息交换的准确性,减少了在复杂、重复工作中的人为错误,因而减少了由于失误而导致的时间浪费和经济损失,提高了供应链管理的运行效率。信息管理的意义体现在建立了新型的顾客关系,更好地了解顾客和市场需求,有利于进一步拓宽和开发高效率的营销渠道,能够改变供应链的构成,使得商流与物流达到统一,并重新构筑企业或企业联盟之间的价值链。

现在主动开始进行供应链管理的公司已认识到信息管理的重要性,并充分地利用信息发展供应链关系。现在的信息技术架构可能是相当复杂和广泛的,它支持公司的通信网络、数据库和操作系统。事实上并不只这些,信息技术基础架构的容量还支持着商业竞争和确立公司的商业地位,如减少业务周期、执行多功能的流程设计、利用交叉销售机会、获得客户渠道。这些基础架构也支持着公司发展、公司管理和企业间的供应链管理。

在某种意义上,企业系统采用了这些信息技术体现了企业间的一种"链接"关系,形成了统一的、合作的供应链。在当前竞争环境下,不重视信息和信息技术的作用,并主动地进行供应链管理,就会影响企业的成功,甚至企业的生存。信息共享可以利用跨组织的规模经济和专业知识,缺乏实际销售信息的共享会严重扭曲供应链上游的需求信号。需求信息的误差沿着供应链从下游到上游进行传递,并逐级放大所产生的现象,导致诸如库存过多或不足、生产和产能规划不佳、现金流利用和客户服务等问题。当信息共享时,可以减少供应链中的总库存,有证据表明,通过核心企业和供应商之间良好的信息管理和信息共享,可以有效缓解供应链上的牛鞭效应。因此,企业高层领导要转变观念,将信息技术纳入企业战略范围考虑,通过在供应链上信息共享而达到企业的市场目标。

信息管理的重要性主要体现在以下几个方面。

(一)收集信息

信息管理的第一步是获得信息。市场需求非一成不变,因此需要企业收集市场发展的动态信息,尤其是根据季节和地域情况收集顾客需求信息,才能掌握市场变化的动态。通过分析客户需求信息和市场信息，产生相关的市场知识、客户知识等。获得确切的客户订单，保证采用拉式供应链管理模式，将信息知识储存在数据仓库中，以备供应链管理调用。

(二)通过掌握的信息控制生产成本

企业成本控制是企业能够在投入和产出中获取利润的关键。企业按照客户要求组织生产，实现客户的愿望和需求，以客户的需求为导向。但是企业同时需要考虑成本问题，以达到客户对价格的要求。

与上下游商家形成战略合作伙伴关系，争取在生产成本上获得伙伴的支持，以便有更好的定价空间。合作时，应追求双赢(Win-Win)的效果，以形成企业效益的最大化。不断积极地寻求企业新资源，包括商业运行的各种资源，如公共关系、原料提供商、客户资源等。为了可持续发展，无论是全球化还是区域化市场，需要企业能够积极创造新的市场，并寻求创造新市场的机会。

(三)优化配置供应链，形成正确的供应链管理决策

企业内部的各部门间都应共享顾客的需求信息，供应链管理成为各部门协作的管理模式。在共享客户需求信息的基础上，形成企业内部以顾客为导向的经营体制，各部门都以客户为导向进行日常工作。在供应链上实现企业最佳状态的库存水平，无论是原料还是成品均要控制在一定的规模之下，以求得企业良性的资金流运行。无论是企业内部，还是企业与企业之间，都应在缩短供应链长度上下功夫。供应链过长，意味着整体运营流程的时间加长，从成本效益角度来看是不值得的。供应链管理的决策应包含供应链长度、运营时间的决策。利用信息技术改革企业原有业务流程。低成本操作，实现整合的供应链完整运营。

(四)最优的物流配送和付款方式

以最优的方式进行物流配送，包括配送流程的信息控制，如配货单、提货单的管理，同时以最佳的方式达到实物配送，以最快的速度、最好的质量、客户最满意的方式将商品送达客户。完成配送任务后应寻求一种安全的付款方式，保证及时回收账款，使企业运营进入良性循环。

(五)获得客户反馈意见，提供良好的售后服务

供应链管理并不止于配送任务的完成，应该从企业整体商务出发，与企业的其他系统如客户关系管理系统协作。在完成配送的订单任务后，应获得客户的反馈意见，并提供良好的售后服务。其目的有二：一是为供应链管理提供新的客户信息，以便完善供应链管理；二是为了保住企业的老客户，发展新客户。

三、供应链信息技术的特点

(一)覆盖范围广

和传统的企业信息技术相比，供应链信息技术是在由核心企业和企业成员所形成的供

应链上进行应用，因此，在供应链上的供应商、制造商、分销商和零售商都可借助供应链信息系统上的信息技术进行信息的共享。

(二)获取途径多

和传统的企业信息技术相比，由于众多企业之间的合作和交流，能够共享不同企业的已有的信息技术和专业知识，更好地交换信息技术资源。因此，供应链信息技术在供应链上获取途径多。

(三)信息质量高

供应链信息技术能够促使供应链上的企业进行信息共享。特别是离市场最近的零售商获取到的市场信息和消费者需求信息，能够更高质量地帮助供应链上的其他共享企业更好地进行决策活动，比如 VMI 等信息技术可以使得零—供(零售商和供应商)之间进行信息共享。这区别于传统的上下游采购的失真信息和扭曲的信息。因此，可以说供应链信息技术所获取的信息质量更高。

第二节 供应链信息系统

供应链信息系统(Supply Chain Information System，SCIS)是在供应链中应用的信息系统，能够引发各种运作行为，追踪相关运作的信息，促进公司内部及供应链伙伴之间的信息共享，并且能帮助管理者做出决策。

供应链信息系统(SCIS)是一条线，它把各个物流运作行为串联成了一个完整的有机整体。具体来说，它是一个由以下四个层次的职能模块所组成的有机的整体系统：①交易系统；②管理控制；③决策分析；④战略规划。图 8-1 阐述了在各个信息职能模块上所发生的物流活动及决策活动。正如这个金字塔图形所说明的，一个强有力的交易系统是提高管理控制、决策分析以及战略策划水平的基础。

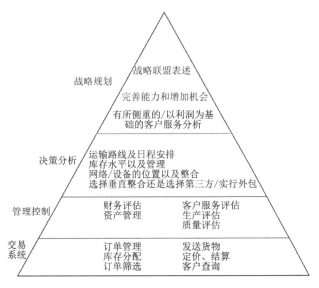

图 8-1 信息的职能

交易系统以正式的规则、正式的程序、标准化的沟通、庞大的交易量以及注重日常操作为特点。由于在交易系统中结构化的运作与庞大的交易量结合在一起，因此，信息系统的运作效率尤其重要。在最基础的几级上，交易系统启动单个的物流运作行为，并且记录其运作情况和功效。交易活动包括订单录入、库存分配、订单筛选、发货、定价、结算及提供客户查询服务等。举例来说，对客户订单的录入行为代表将某个客户的产品需求等级录入了信息系统里。这个订单发出的行为同时又引发了另一个运作行为，即针对这个订单进行的库存分配。接着又产生第三个运作行为：指导仓库运作，即把货物从库存地点拣选出来。然后是第四个运作行为：将订货交给客户。最后一个行为是结算并且记录相应的应收账款。在整个过程中，公司和客户都希望能够得到有关订单状况的实时信息。就这样，通过一系列的信息系统的处理，客户订单的运行周期得以圆满完成。

供应链信息系统的第二层是管理控制，它把重点放在对绩效的评估以及汇报方面。绩效评估的职能能够非常有效地对有关的供应链绩效及资源使用率的管理做出反馈。通常绩效评估所设计的内容包括：成本、客户服务、生产力、质量和资源管理措施等。比如说，绩效评估设计包括每磅货物的运输以及仓储成本、存货周转率、订单满足率、每单位劳动力、每小时的工作效率以及客户的认同程度等。

供应链信息系统在反映系统过去的绩效的同时，也应该具备分辨出运作中的特例的能力。对特例信息的管理有助于企业弄清楚潜在的客户订货需求以及操作错误等问题。举例来说，行之有效的供应链信息系统应该具备能够根据需求预测和库存计划判断出将来是否会发生库存短缺的能力。如果潜在的运输、送货、仓储及人力等方面的需求超出了企业的运作能力限制，特例管理报告能力也应该能够预测出来并及时地做出反应。

有些控制标准，如成本，是非常明确的。但是有些标准，如客户服务或者产品质量，却不是十分明确。举例来说，客户服务既可以从内部企业自身的角度来进行衡量，也可以从外部客户的角度来进行衡量。内部的衡量结果比较容易进行追踪和查询，外部衡量就比较难以掌控，因为这种措施需要企业针对具体客户进行衡量。

供应链信息系统的第三层是决策分析。这一层的重点是软件工具的运用。通过运用软件，管理者能够对具有战略意义的供应链和物流措施做出鉴别、评估和比较，从而提高工作效率。典型的决策分析职能包括供应链设计、存货管理、资源配置、路线安排以及各部分运作的收益率。供应链信息系统的决策分析职能还包括根据多种可能出现的物流情况进行的数据库维修、建模、分析并且及时地做出报告。与管理控制相类似，决策分析也包含了一些战略上的分析和考虑，例如，运输路线的安排以及仓储安排。决策分析也能用于管理客户关系，确定企业如何进行调整，才能够使客户满意和成功(详见第三章内容)。由于决策分析是用来指导未来的业务运作的，因此，它不应该受到条条款款的约束，相反，决策分析职能应当具有非常高的灵活性。只有这样，决策者才有可能去考虑各种各样的方案，并从中择优选取。因此，决策人应该拥有大量的专业知识，受过广泛的培训，因为只有这样他们才能够做出正确的选择，使得企业从决策分析中受益。

战略规划是供应链信息系统的最后一层。在这一层，有关交易的数据被组织、综合运用在各种商业策划和决策模型之中，用于评估各种战略决策的可行性和投入回报状况。这些商业策划和决策模型所涉及的范围很广。从根本上来说，战略规划注重来自于信息的支持，不断地对供应链和物流战略加以完善。这些通常都是决策分析的延伸，往往具有更为抽象、结构很不明确的特点,而且通常都具有一个长期的重心。战略规划决策的例子包括对建立战略联盟的愿望、提高和改善生产能力以及建立在快速反应机制基础上的市场机遇等。

图 8-2 中的两个三角形正好相对,这揭示了供应链信息系统的开发成本与利益之间的相对关系。左边的三角形反映的是开发和维护系统所具有的特点,而右边的三角形则反映了这一系统给企业带来的利益。开发和维护的成本不仅包括购买硬件、软件以及沟通和培训上的成本,还包括在人力方面的支出。

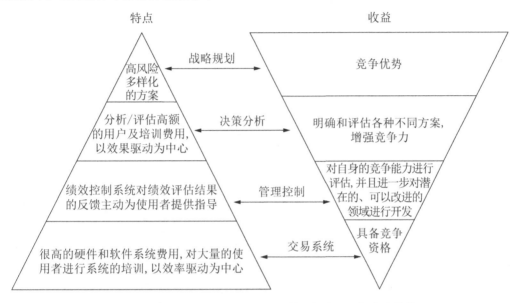

图 8-2 供应链信息系统的应用和决策的特点以及相应的收益

一般来说,供应链信息系统需要对交易系统投入大量的资金,以建立起一个稳固的基础。由于系统具有使用者数量庞大、信息沟通任务繁重、交易量很高,而且软件非常复杂的特点,因此交易系统的成本居高不下。此外,交易系统的成本相对来说也较为明晰。并且,如果从受益和回报的角度来看,交易系统还具有成本比较明确和直接的投资回报相对有限的特点。现在一个综合性的交易系统并不会给企业带来明显的竞争优势,这是因为它已经成了竞争的基本需要之一。实际上,所有经历过激烈竞争而幸存下来的公司都曾经为提高交易系统的效益而投入了大量的资金。可惜的是,虽然投资金额巨大,相应的回报却很少。高层级的系统如管理控制、决策分析和战略策划虽然只需要相对较少的硬件和软件资源投入,但是它们常常需要面对很大的不确定性和风险。

管理控制和决策分析系统则将重点放在探索解决问题的程序和各种可能的方法上。举例来说,基准管理控制系统能够告诉我们某个公司在什么方面落后于其他的竞争对手。而对外部客户服务的审核则可以帮助企业发现机会,推出以客户为中心的、有针对性的服务项目。战略规划系统虽然不是那种硬件或软件密集型的系统,它却能够对供应链的整体设计、客户/产品的利润率、市场分区效益以及联盟关系的收益等问题做出评估,从而对企业的赢利能力和竞争能力产生深远的影响。

过去,大部分企业管理系统的开发都是想方设法提高交易系统效率。虽然这些投资能够在提高运作速度、降低运作成本方面给企业带来一定的回报，却往往达不到降低成本的预期目标。现在，供应链信息系统将发展和实施的重点放在提高供应链系统的一体化整合的程度及决策的有效性方面。

第三节　基于供应链管理的企业信息集成系统

进行供应链同步运作，应考虑如何最大限度地利用先进的信息技术和现代管理思想将企业内外资源有效集成，以建立一个高效的信息系统使供应链同步运作。该系统不仅能够整合系统内外资源，实现对内部资源的统计与控制，而且还需要对企业间资源分配方案进行分析与比较，与其他企业的信息传递与信息共享等，成为供应链上各企业的关注点。因此，各企业一定要认识到基于 SCM 的企业信息系统集成的重要性，并把组织重构、流程重构和技术架构几个方面作为其切入口。

一、供应链管理与企业信息系统集成

(一)企业信息系统简介

在出现了企业信息系统(Enterprise Information System，EIS)的概念后，产生了按职能划分的各种"信息系统"。它们只有局部性的意义，如主管信息系统、财务信息系统、制造信息系统等。这些只是人为地为了学习和研究的方便而进行的划分。在一个具体的企业中，各种"信息系统"并没有物理上的分隔，只有逻辑上的区分。现在人们已经用企业资源规划(ERP)、管理信息系统(MIS)、计算机信息系统(CIS)等词来描述企业的信息系统。

如图 8-3 所示，企业信息系统包括了基于计算机的信息系统(CBIS)中的五种信息系统(AIS、MIS、DSS、OA/VO、KBS)。其中 MIS 是管理信息系统，用于具体的职能部门，产生了职能信息系统(Functioal Information System)，包括了主管(经理)信息系统(EIS)、营销信息系统、财务信息系统、人力资源信息系统、信息资源信息系统、制造信息系统(MRP、MRPⅡ)等。其中主管信息系统是企业经理人进行日常管理的工具，它对其他的职能信息系统进行管理。

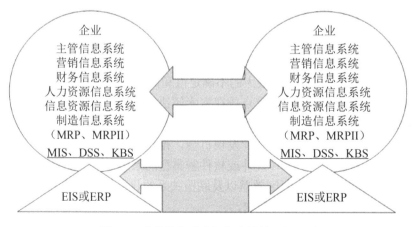

图 8-3　企业信息系统与供应链管理的关系

第八章 供应链信息管理

在供应链管理过程中，MIS 中还出现了为解决某些企业运营问题而产生的应用系统(Application System)，例如快速反应系统(QR)、有效客户反应系统(ECR)、电子订货系统(EOS)、持续补货系统(CRP)等。

(二)供应链上各企业信息系统集成的必要性

企业信息系统集成实际上就是以整体性和最优化为基本原则，集成企业内外各子系统使得整个系统功能最优。由信息系统发展的阶段论可知，系统集成和数据管理是信息系统建设的必由之路和关键性环节，当信息系统发展到一定阶段时必然产生集成化需要而建立集成化信息系统。

现代商务环境促使企业将自己的资源同外部资源集成起来，以更好地响应客户需求，为顾客创造更多价值，为企业创造更多利润，这种跨组织的集成使得跨组织流程趋于频繁，跨组织流程间结合深度增强。而供应链管理是一种集成化的管理思想，它执行供应链中从供应商到最终用户的物流计划和控制等职能，通过网络搜集和传播企业内外信息，以捕捉最能创造价值的经营方式、技术和方法，创造网络化的企业运作模式。

供应链管理要求跨职能、跨组织的集成。一方面，因为产品生产复杂，顾客需求各异，导致单一企业难以独立完成，需要研发部门、供应商、制造商、分销商、零售商和顾客之间的紧密结合和实时互动，要求相应的跨组织流程对这些活动加以规范、组织，使得跨组织流程成为供应链上各节点企业运营的重要特征。另一方面，通过分工合作，使得企业可以集中主要资源在其最擅长的核心业务运营上，将非核心业务外包，与其他企业组成跨组织业务流程。而且从技术角度看，集成的系统能够使供应链上各节点企业方便地访问自己所需要的数据和信息。通过解决组织结构、可互操作性、变化管理、安全性等问题，基于 SCM 的企业集成信息系统将会具有很强的可重构性、可重用性和可扩充性。同时，集成的信息技术基础设施使企业能够发展供应链过程集成的高阶能力。这种能力使企业能够将信息流从实物流中分离出来，并与供应链合作伙伴共享信息，以创建基于信息的方法来进行卓越的需求规划、实物产品的准备和移动，以及简化大量复杂的财务工作流程。此外，信息技术支持的供应链整合能力导致显著和持续的公司绩效增长，尤其是在卓越运营和收入增长方面。①

(三)基于供应链的企业信息系统集成的基础技术

1. XML 技术

XML(eXtensible Markup Language)是一种可扩展性标记语言，其自描述性非常适用于不同应用间的数据交换，且这种交换不以预先规定一组数据结构定义为前提，具有很强的开放性。通过使用 XML 文档封装企业的信息数据，企业可以在不破坏原有信息内容的同时，自由定义、扩充、修正标记和文档结构，以满足不断变化的应用需求，也易于实现异构应用系统间的信息交换、数据共享和集成，容易被计算机识别，进行智能搜索和推理。

XML 在三层架构上为数据处理提供了很好的方法，由于是开放的、基于文本的格式，

---

① Rai, Arun, et al. Firm Performance Impacts of Digitally Enabled Supply Chain Integration Capabilities. Management Information Systems Quarterly, vol. 30, no. 2, 2006, pp. 225-246.

它可以通过 HTTP 像 HTML 一样传送。桌面上的数据可用 DOM(文档对象模式)处理，代理商将支持 XML 的更新功能，使得中间层或数据服务器的数据变化可以传递给客户，反之亦然，因此代理商能够从客户端得到更新的数据并将数据传送到数据库服务器中。

XML 带来了一种完全可以移植的数据格式，它为跨企业信息系统集成中异构信息系统间的信息交换带来了全新的解决方案。XML 解析服务器，就仿佛是在企业的信息系统之间设立的互动式的信息交换中心，专门从事不同数据格式数据信息的交换翻译工作。一方面将对方请求的数据资料翻译成事先约定好的 XML 格式，另一方面将收到的对方发送的数据资料解析还原，就好像两个信息系统之间进行通信一样，这样就不需要企业重新实施一个信息系统，在一定程度上减轻了企业负担。

2. Web Services 技术

Web Services(万维网服务，或网站服务)技术是新出现的一种分布式计算模式，是基于标准和松散耦合的结构，它主要解决在互联网环境下的资源共享和相互集成问题，建立在广泛接受的 XML 的标准之上，为不同厂商的应用系统提供了交互性。实现基于 Web 服务的管理信息系统，首先把管理信息系统要完成的各种功能分解，形成一定粒度的小功能模块，每个功能模块用一个 Web 服务来完成，所有的 Web 服务建立后注册到 UDDI 中，然后根据用户对界面和功能的需求，通过引用相关 Web 服务实现集成，从而形成能完成用户各种功能需求的信息系统。

由于供应链上合作企业和基于动态联盟企业伙伴的信息系统集成需要对业务敏捷反应，因此需要基于标准和松散耦合的构架，而基于 Web 服务的信息系统构架恰好满足了这种需求。因为 Web 服务具有松散耦合、与具体平台无关的特性，所以供应链上的企业不需要对自己原有信息系统进行很大的改动，只要把所需供应链上其他企业的库存状态、生产计划、需求数据等信息利用 Web 服务包装起来就可以了。

无论供应链上其他企业的信息系统是基于何种平台，使用何种语言，只要遵循 Web 服务的标准就可以相互通信。通过 Web 服务把供应链上的企业连成一个虚拟的网络，信息传递的方式也由逐级传递方式转变成一种发散式的传播，信息传递具有简单、方便、快速等优点，在一定程度上避免了"牛鞭效应"。同时，供应链上的企业可以随时发布自己的信息和从其他企业获取所需信息，形成了一个信息共享的集成化供应链。这种基于 Web 服务所实现的集成化供应链有利于加强供应链上各企业的沟通，缩短订货周期和减少订货周期的不确定性，从而增强整个供应链的竞争力。

3. 多 Agent 技术

随着社会经济的发展和市场竞争的加剧，对市场变化反应的敏捷度、服务质量成为企业赢得市场和顾客的关键。传统企业正朝着高度集成化、高度柔性和灵活性方向发展，供应链上企业信息系统的集成应该保证在企业组织结构、业务流程发生调整时不能被废弃，应该强调"以人为中心"的管理，达到人与系统的高度融合。多 Agent 系统具有自主能力、社交能力、反应能力和行为理性等特点，能为企业应用集成平台提供一条崭新的途径。

首先，多 Agent 系统是一个既分布又协调的系统，非常适合构造具有高度开放性、分布性、重构性和伸缩性的信息集成框架，为集成"异质信息孤岛"提供了新途径；其次，由于多 Agent 系统具有智能性、自适应性、自组织性和层次性等特点，能有效实现对企业流程重组的全面适应，协调技术与组织之间的相互依赖关系，并能极大提高信息集成平台的通用性和适应性。

(四)供应链信息技术

根据信息技术在供应链管理主要领域的应用，可以归纳出如图 8-4 所示的应用领域。供应链管理涉及的主要领域有产品、生产、财务与成本、市场营销/销售、策略流程、支持服务、人力资源等多个方面，通过采用不同的信息技术，可以提高这些领域的运作绩效。

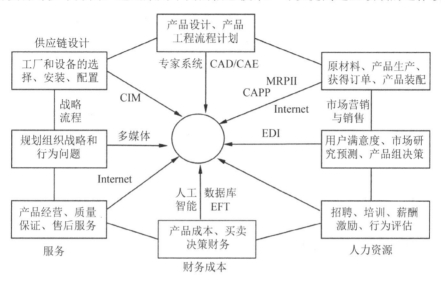

图 8-4　信息技术在供应链管理中的应用

信息技术(Information Technology，IT)是主要用于管理和处理信息所采用的各种技术的总称，主要是应用计算机科学和通信技术来设计、开发、安装和实施信息系统及应用软件。它也常被称为信息和通信技术(Information and Communications Technology，ICT)。也有观点认为，信息技术是信息和通信技术的子集。信息技术主要包括传感技术、计算机与智能技术、通信技术和控制技术。供应链信息是供应链的关键驱动，信息可以通过数据存储、空间、通信进行传输，亦可通过各种信息技术载体得以识别、读取、传输、集成和处理。下面介绍几种供应链信息技术。

1. 信息识别技术

目前，信息识别技术被称为自动识别技术，是指自动识别对象，收集有关对象的数据并将其直接输入计算机系统而无须人工参与的方法，其主要类型包括条形码识别技术、射频识别技术和生物识别技术。

(1) 条形码识别技术。条形码识别技术是指利用光电转换设备对条形码进行识别的技术。条形码(Barcode)是一组由宽条、窄条和空白排列而成的序列，这个序列可表示一定的数字和字母代码。条形码可印刷在纸面和其他物品上，因此可方便地供光电转换设备再现这些数字、字母信息，从而供计算机读取。条形码技术主要由扫描阅读、光电转换和译码输出到计算机三大部分组成。在邮政业务中，条形码识别技术已用于信函分拣、挂号函件处理、特快专递自动跟踪、包裹处理等工作上。

(2) 射频识别技术。无线射频识别即射频识别技术(Radio Frequency Identification, RFID)，是自动识别技术的一种，通过无线射频方式进行非接触双向数据通信，利用无线射频方式对记录媒体(电子标签或射频卡)进行读写，从而达到识别目标和数据交换的目的。RFID 的应用非常广泛，典型应用有动物晶片、汽车晶片防盗器、门禁管制、停车场管制、生产线自动化、物料管理。

(3) 生物识别技术。通过计算机与光学、声学、生物传感器和生物统计学原理等高科技手段密切结合，利用人体固有的生理特性(如指纹、脸像、虹膜等)和行为特征(如笔迹、声音、步态等)来进行个人身份的鉴定。生物识别技术比传统的身份鉴定方法更具安全、保密和方便性。生物识别技术具有不易遗忘、防伪性能好、不易伪造或被盗、随身"携带"和随时随地可用等优点。

2. 信息传输技术

信息传输技术主要借助计算机网络技术和通信技术得以实现。互联网(或因特网、Internet)是互联的全球系统的计算机网络，它使用因特网协议套件(TCP／IP)网络和设备之间的通信。互联网，以电子、无线和光网络技术广泛地联系在一起。互联网承载种类繁多的信息资源和服务，如相互关联的超文本文件和应用程序的万维网(WWW)、电子邮箱、电话以及文件共享。Internet 服务是信息传输的简单有效途径。Internet 模型中最突出的组件是 Internet 协议(IP)。

(五)信息技术在供应链上的应用

1. 信息技术在企业间和企业内部业务往来中的应用

电子数据交换(Electronic Data Interchange，EDI)是供应链管理的主要信息手段之一，特别是在国际贸易中有大量文件需要传输的情况下。EDI 是计算机与计算机之间相关业务数据的交换工具，有一致的标准以使交换成为可能。典型的数据交换是传向供应商的订单。EDI 的应用较为复杂，其费用也很昂贵，不过最新开发的软件包、远程通信技术使其更为通用。利用 EDI 能清除职能部门之间的障碍，使信息在不同职能部门之间得以可靠地流通，能有效减少低效工作和非增值业务。同时还可以通过 EDI 快速地获得信息，更好地进行通信联系、交流，更好地为用户提供服务。

2. 信息技术在物流领域的应用

计算机辅助技术(CAD)、计算机辅助工程(CAE)、计算机辅助制造(CAM)和多媒体的应用可以缩短订单流的提前期。如果把交货看作一个项目，为了消除物料流和信息流之间的障碍，就需要应用多媒体技术、共享数据库技术、人工智能、专家系统和 CIM。这些技术可以改善企业内和企业之间计算机支持的合作工作，从而提高整个供应链的效率。

3. 信息技术在战略规划领域的应用

战略规划受到内部(如生产能力、技能、职工合作、管理方式等)和外部的信息因素的影响，供应链管理又强调战略伙伴关系的管理，这意味着要处理大量的数据和信息才能做出正确的决策去实现企业目标。电话会议、多媒体、网络通信、数据库、专家系统等，可以用于收集和处理数据。决策的准确度取决于收集的内外部数据的精确度和信息交换的难易度。

4. 信息技术在产品设计和供应链设计领域的应用

产品设计和工程、流程计划可视为一个业务流程，产品本身需要产品、工程、流程计划的设计，这些阶段可以用 CAD 和 CAE 集成在产品开发中，考虑缩短设计提前期或在产品周期每个阶段的生产中减少非增值业务。

5. 信息技术在市场营销和销售领域的应用

市场营销和销售是信息处理量较大的两个职能部门。市场研究在一定程度上是 IT 革新的主要受益者。市场营销和销售作为一个流程，需要集成市场研究、预测和反馈等方面的信息，EDI 在采购订单、付款、预测等事务处理中的应用，可以提高用户和销售部门之间数据交换工作的效率，保证为用户提供高质量的产品和服务。

6. 信息技术在财务成本领域的应用

会计业务包括产品成本、买卖决策、资本投资决策、财务和产品组决策等。计算机信息系统包括在线成本信息系统和数据库，主要采用在线共享数据库技术和计算机信息系统完成信息的收集和处理。技术分析专家系统(Expert System for Technology Analysis，ESTA)、财务专家系统能提高企业的整体投资管理能力，在 ESTA 中应用人工智能(AI)和神经网络技术可以增强某些非结构性问题的专家决策。AI 的应用可以提高质量、柔性、利用率和可靠性，EDI 和 EFT(Electronic Funds Transfer，电子货币转账)应用在供应链管理中可以提高供应链节点企业之间资金流的安全和交换的快速性。

7. 信息技术在生产领域的应用

生产过程中的信息量大而且繁杂，如果处理不及时或处理不当，就有可能出现生产的混乱、停滞等现象，MRPⅡ、JIT、CIMS(计算机/现代集成制造系统)、MIS 等技术的应用就可以解决企业生产中出现的多种复杂问题，提高企业生产和整个供应链的柔性，保证生产及供应链的正常运行。

8. 信息技术在人力资源领域的应用

在人力资源管理中，人类行为工程(Human Performance Engineering，HPE)也开始在企业管理中得到应用，它的主要职能是组织、开发、激励企业的人力资源。在企业系统的工作设计、培训、组织重构中应用 HPE 可以帮助企业提高从最高领导层到车间的人力效率，同时，多媒体、CAD/CAM 和 Internet 等技术的应用也可以改善职工之间的合作水平与降低工作压力。

(六)基于供应链的企业信息系统集成策略

1. 组织重构

组织重构是供应链间企业信息系统集成的基础阶段，它为供应链间企业信息系统集成建立了支撑的"骨架"，提供了组织和制度保障。供应链的组织架构反映了供应链上的权利关系和联系方式，同时决定了信息在供应链上的传递方式。组织重构的好坏将直接影响人们积极性和能力的发挥，关系到供应链信息系统集成实施的成败。

应该将供应链的战略目标作为企业组织机构调整的出发点，根据供应链的战略目标来进行组织重构。这一阶段要完成的工作有：职能机构的改造、人员的重新分配、管理制度的健全、绩效的评价和考核、企业协调文化的培育等。这些工作是相辅相成的，机构建立后需要人员和制度来管理，每个人员又都处在一定的机构层次上，人员配置好后要考核他们的工作绩效以期进行改善。一个协同组织必然存在企业协同文化，这种文化要适应供应链管理的需要。一般而言，供应链间的虚拟组织构建需要注意的几个方面是：各节点企业职能机构向扁平化、网络化发展，分权和缔造学习型组织。

2. 流程重构

传统企业流程存在的各企业质量标准不统一、生产能力不一致、物流路线设计不合理以及信息不对称等问题，阻碍了供应链的协同管理。流程重构就是要改变那些不合理的企业流程，以适应供应链协同管理的需要，从而提高供应链管理的绩效和顾客满意度，降低供应链的整体运营成本。流程重构主要从以下几个方面着手：首先是消除非增值活动，站在供应链的整体高度来审视各企业间流程，通过协调各企业，对流程路线进行改进甚至重新设计，减少流程中的库存、运输转移、返回、检测等活动。例如，利用 JIT 的思想设计流程，可大幅度减少非增值活动。其次，进行工作整合，实际上流程中许多工作是可以整合的，这样不仅减少了交接手续，还提高了效率。当然还可将连续式、平行式流程改为同步流程，通过互动，不仅缩短了周期，还能在各作业的交流过程中相互调整及时发现问题，避免因缺少沟通导致无法挽救的问题发生，这样提高了效率，减少了浪费。因此，企业应根据自身具体问题，创造性地寻找适合自身的策略。但不管是什么策略，有一点是相同的，那就是要加强供应链流程网络的总体规划，使流程彼此协调，降低内耗。

3. 技术架构

信息系统集成涉及不同硬件、网络、操作系统平台、应用系统、数据基础和业务流程等许多方面的内容。在技术构架方面比较流行的解决方案有基于中间件的集成和基于 Web Services(万维网服务)的集成。其中，中间件提供通用接口，所有集成应用可用这个接口相互传递消息，接口起到协调的作用。每个接口定义了一个由另一个应用程序提供的商业过程。这种基于中间件的集成方案更易于支持众多的集成应用，并且只需要较少的维护。另外，中间件能够执行复杂的操作——交换、聚集、路由、分离和转换消息。

Web Services 提供了一种分布式的计算技术，用于在 Internet 或者内网(Intranet)上通过使用标准的 XML 协议和信息格式来展现商业应用服务。使用标准的 XML 协议使得 Web Service 平台、语言和发布者能够相互独立。基于 Web Services 的应用集成，通过分析遗留应用，可以将需要暴露出来的功能另外封装成 Web Services，这样遗留应用既能被其他应用程序通过 Web Services 进行调用，又能保证原有应用的运行不会受到影响。

二、基于供应链的企业信息系统集成框架

从组织能力和资源基础理论的角度来看，通常可用的信息技术资源本身不能为企业创造持续的绩效收益。市场上广泛可用的信息技术组件，需要利用大量时间和专业知识进行开发，把集成信息技术平台和信息技术平台的能力深深嵌入组织过程。因此，基于供应链的企业信息技术需要集成为结构模型，以发挥更大的效用。

第八章　供应链信息管理

(一)SCM 中 MIS 的基本结构模型

图 8-5 表示了供应链管理中的 MIS 的基本结构模型。在这个模型的数据库中，有来自自动识别系统(Automatic Identification System，AIS)所提供的数据，更多的是企业内供应链流程作业的各种信息，还有来自企业间信息系统(Inter-Organizational Information System，IOIS)的信息。数据库通过报表系统将产生周期性的报表和特别的报表。另外，它还有记录、统计、查询、计算等功能。

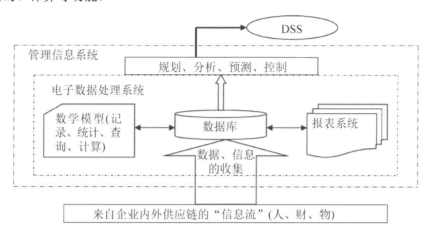

图 8-5　供应链管理中的 MIS 的基本结构模型

(二)SCM 中 MIS 对数据、信息处理的逻辑结构模型

企业内供应链管理信息系统对数据和信息的处理逻辑结构模型如图 8-6 所示。从企业内部来看，信息系统中的数据、信息、知识的传输由几部分组成。这是一个逻辑的、概念上的组成部分的划分，不存在实体性，而且图 8-6 只是为了学习和研究的方便而采用的一种直观的划分，所以在构建信息系统过程中它只能作为一种参考模型。

1. 供应链管理作业层

在这个层次里，供应链管理进行实质性的操作，包括物流管理、分销管理、订单管理、仓储管理、运输管理、财务管理、制造管理、电子化采购管理、关系管理等。这些具体的操作是根据"商业应用层"中"商业决策、管理、控制"的信息进行的。

根据企业实际运营状况、行业特点，在作业层中有不同的应用软件支持，例如，在制造业中有 MRP、MRPⅡ。常见的作业操作流程还包括了企业间的系统，它们都依赖不同的应用软件支持作业全程。

2. 电子数据处理层

这个层次是将"供应链管理操作层"中实质性操作过程的数据和信息，通过各种收集数据的子系统，如 EOS、POS、EDI 等，收集到数据库中来。一些数据通过分类、排序、综合分析的数据挖掘过程，形成特有的商业信息、商业知识、商业模型等。这些结构化的信息、知识和模型可供"商业应用层"调用，在企业的决策、管理、控制过程中发挥作用。

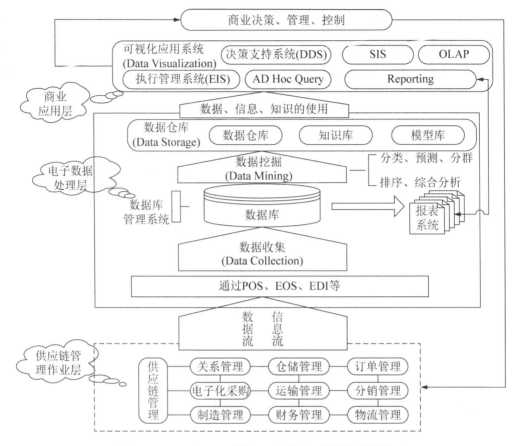

图 8-6 SCM 中 MIS 对数据、信息处理的逻辑结构模型

3. 商业应用层

商业应用层是信息系统的目的,所有数据收集、储存、提取后,如果没有商业应用都是无效的,所以商业应用层十分重要。它包括了许多可视化的应用系统,如决策支持系统、报表系统、随机查询系统、在线分析系统等。

商业应用层对企业的整体运营、操作起着决策、管理、控制的作用,最后作用于"供应链管理作业层"这个层次。

第四节 基于供应链管理的企业信息系统

一、企业间信息系统简介

许多企业认识到信息在整合供应链环境中的重要性,因此采取某种形式的"企业间信息系统"(IOIS),有时也被称为跨组织系统(IOS)。IOIS 是基于信息技术之上跨企业的系统。实际上,在最终整合的水平上,所有供应链成员都不断地相互提供实时的信息,因此,IOIS 是企业间信息共享能力的基础,也使供应链成员都能有效地利用信息技术开展经营活动。IOIS 中配置适当的应用软件,就可以在任何地点及时地传递供应链成员所需要的信息,提供企业必要的决策支持。一些学者认为，IOIS 是两个或多个企业间形成一个整合的数据处理和数据通信系统，是跨企业的信息系统。这些企业位于供应链上，或是买方，或是供应商，或是先前有某种业务关系，但没有进行信用交易的企业。

两个企业间利用计算机在网络上形成自动化的电子链接，开展业务上的联系，如订单处理、订单审核、存货水平检查、装运信息跟踪、交易转账。这些以前都必须手动处理或用其他的媒介处理(如邮件)，而现在则可以通过企业间的信息系统来进行处理。

最初的 IOIS 的形式是由卖方开发的，提供时间共享服务和在线数据。人们早在 1960 年就认识到企业间系统的重要性，意识到它将潜在地影响企业业务管理和企业整体运营。从那以后，新的信息技术不断地应用和整合到 IOIS 中，使企业间系统的能力不断增加，具体类型不断出现，如电子转账系统(EFT)、决策支持系统、各式各样的订单处理系统、在线专业工具支持系统等。在现有的一些供应链执行过程中，大量实用的系统不断出现：在食品杂货业、药物批发业、保险业、运输业中每年都有大量实用系统出现，如电子化采购系统、快速反应系统(QR)、订单周期管理(OMC)、持续补给系统(CRP)、卖方库存管理(VMI)等都属于企业间的信息系统应用。企业要为供应链开发一个实用的 IOIS 系统有三项明显的效益：①降低企业运营成本；②改进企业生产力；③改进产品/市场策略。

二、企业间信息系统的基本类型

一些学者认为，企业间信息系统有六种基本的、水平不同的信息系统，它们由一些不同级别的单一公司参与其中。

(一)远程企业间节点

远程企业间节点(Remote I/O Node)是在供应链成员中，某一应用系统是由一个或多个高级别的参与者支持的，其他供应链成员的某一企业从远程链接到这个系统中去，成为企业的参与者。这就是一级水平的企业间系统，也是最简单的企业间系统。

(二)应用处理节点

应用处理节点(Application Processing Node)是由供应链成员企业开发的单一的业务应用处理软件系统，其他企业可以进入该系统进行共享，例如一个存货询价或订单处理系统。企业开发这种以应用程序为主的系统，接入系统的可以是供应商，也可以是客户。

(三)多参与者交换节点

多参与者交换节点(Multiparticipant Exchange Node)是由供应链成员企业开发的系统，其他成员企业可以通过网络与该企业连接。该企业可以与任何低级别的参与者共享网络链接，建立业务关系。

(四)网络控制节点

网络控制节点(Network Control Node)是由供应链企业开发的企业间系统。它是用不同的应用软件构成的网络控制系统，可以让许多不同类型的、低等级的参与者和最终用户进行信息共享。在共享的过程中可以自动控制和跟踪供应链成员的各种行为，此时，供应链进一步深化"整合"的行为，向"集成的网络节点"发展。

(五)集成的网络节点

集成的网络节点(Integrating Network Node)使供应链成员都在一个有效的数据通信/数据处理的网络中,它整合了所有低级别的参与者和实时应用系统。这种供应链成员间的链接已进入到"协作"的阶段。通过有效的协作,企业间的链接更加牢固。供应链发展到现在,大多数企业已进入到企业间系统"同步"运作的阶段。像这样出现在供应链的上下游关系中,称之为"企业间供应链信息系统"。

(六)企业间供应链信息系统

在企业间供应链信息系统中有企业间信息系统(IOIS),即供应链参与者彼此间共享一个含有不同应用软件的网络,且这些参与者之间建立了业务关系。这种水平类似上面提到的"网络控制节点",但是它并没有规定 IOIS 参与者要达到一定级别才能参与。因此,这种水平的 IOIS 参与者实际上可能处于不同的等级,有较低的等级、高等级或与 IOIS 共享组织相当的等级。我们将这些参与者的等级作为供应链伙伴不同的 IOIS 节点,称这种水平的 IOIS 为"企业间供应链信息系统"。它包括了前面五种不同的水平。

当一个企业开发 IOIS 以支持其供应链管理时,它将面临多种挑战。其中的障碍之一就是格式问题、先前的各种不同应用程序中都使用共同的语言。这种企业间"同步"的供应链信息系统要满足市场柔性需求,使企业在供应链上与其他成员协作,同步地为满足市场需求而运作。

现在,信息共享的需求已经大大超过了制造商和分销商的其他需求。所有相关的信息最后都必须在供应链中所有企业的供应链起点和消费终点之间循环,例如订购,包括了订单的各部分、服务和最终产品;再如,企业内的物料传递、产品制造、仓储、存货管理,企业外的产品运输、销售、市场营销、预测、客户服务信息等,都需要企业间信息的共享,都需要依赖供应链 IOIS 运作。

三、建立供应链企业信息共享的合作模式

(一)有效顾客响应模式(ECR)

ECR 是有效顾客响应模式。它是 1992 年从美国的食品杂货业发展起来的一种供应链管理策略,也是一个由生产厂家、批发商和零售商等供应链成员组成的,各方相互协调和合作,更好、更快并以更低的成本满足消费者需要为目的的供应链管理解决方案。ECR 是以批发商、零售商的信息共享为前提,以顾客需求为导向,以降低直至消除供应链上的浪费为目的来提高顾客服务水平的一种合作模式。ECR 可以把整个供应链上的企业结合在一起,使企业为了达到提高消费者满意度这个目标而协调合作。

(二)快速响应模式(QR)

QR 合作模式通过供应商和零售商的合作与信息共享,对消费者的需求做出更快的反应来提高顾客服务水平,降低供应链的成本,并增加整个供应链的获利能力。成功地实施 QR,可以使供应商降低流通费用和管理费用,为消费者提供更好的服务,增加市场份额。对于

第八章 供应链信息管理

零售商,则可以降低采购成本和运输费用,减小需求预测的误差并提高销售额,最终提高利润。

(三)供应商管理库存(VMI)

VMI 是一种在信息共享的基础上建立的为了降低库存量、改善库存周转、保护库存水平的管理方法。它是通过供应商主动对下游的零售企业进行库存管理,并共享零售企业的信息,从而使得双方获益的一种信息技术。它要求供应商分享一些重要信息,并能对其下游企业的生产计划、库存策略等进行管理与控制。

(四)合作计划、预测与补货(Collaborative Planning Forecasting & Replenishment,CPFR)

CPFR 利用一系列的流程和技术模型,使合作贯穿于整个供应链,并通过信息的共享,提高预测的准确度,合理地规划出生产计划和管理活动,以达到提高供应链的效率、减少库存和提高消费者满意度的目的。它能够及时准确地反映需求波动并预测何时该采取何种销售策略,使供应商和销售商都能提前做好准备,变被动为主动。

本 章 小 结

供应链由物流、资金流和信息流构成。信息流从信息产生到信息传递,产生信息价值。比如在供应链上,有市场信息、消费者的需求信息、物流信息和数据信息等类型。信息共享是供应链协同运作成功的关键因素。本章主要介绍了供应链中的信息管理、供应链信息系统和基于供应链管理的企业信息集成系统。信息共享是供应链进行效率化运作的关键,而实现信息共享则需要对信息进行管理。通过本章的学习,要求学生熟悉供应链管理信息技术,掌握信息系统在供应链管理中的应用。

复习思考题

1. 信息技术在供应链管理中的主要应用领域有哪些?
2. 简述基于 EDI 的供应链管理信息集成系统。
3. 简述供应链管理信息系统中的有效顾客响应模式。
4. 简述供应链管理信息系统中的快速响应模式。
5. 简述供应链管理信息系统中的供应商管理库存。
6. 简述供应链管理信息系统中的合作计划、预测与补货。

【讨论案例】

联想的供应链信息系统的应用

1984 年,联想的创始人柳传志前瞻性地认识到了 PC 必将改变人们的工作和生活,他带领 10 名中国计算机科研人员怀揣着 20 万元人民币(2.5 万美元)的启动资金以及将研发成果转化为成功产品的坚定决心,在北京一处租来的传达室中开始创业,将公司命名为"联想"(legend,英文含义为传奇)。1994 年联想在中国香港上市(股份编号为 992),是香港恒生指数成分股。2002 年第二季度,联想台式电脑销量首次进入全球前五,其中消费电脑世界排名第三。在 2002 年 9 月《财富》杂志公布的中国上市企业百强中,联想集团位列第六;2002 年底,作为"中国最有价值品牌"之一,"联想"品牌荣登前五,品牌价值达到 198.32 亿元人民币;2003 年 1 月,在《亚洲货币》第十一届"Best Managed Companies"(最佳管理公司)的评选中,联想获得"最佳管理公司""最佳投资者关系""最佳财务管理"等全部评选的第一名。

然而,随着 20 世纪 90 年代戴尔进入中国市场,其网上直销模式也被带入国内市场。随着戴尔直销渠道在中国的逐步完善,联想也深感其威胁并且开始加强自身销售渠道的建设。此外,针对戴尔的竞争威胁,联想对自身做了一些调整。首先,联想重组其组织结构,从原来的以事业为核心的体系向以子公司为核心的体系转变,形成两大子公司,分别为向客户提供全面互联网接入端产品、信息服务的联想计算机公司和为客户提供电子商务为核心的局端产品及全面系统集成方案为主的联想神州数码有限公司,从而开创了联想集团全面进军网络化时代与创造新经济的全新企业格局。其次,建立网站,使其成为公司和代理伙伴及客户之间的销售沟通渠道,从而实现其销售渠道扁平化。

PC 行业作为一个以高新科技为基础的成熟行业,产品生命周期很短、关键零部件月贬值 2%、行业毛利率降至 5% 以下的产业,降低产品运营成本对企业来说其重要程度可想而知。联想早在 2000 年就开始对自身生产流程进行优化,2000 年 8 月联想在国内第一家成功实施 ERP,将自己的生产运作放到 IT 系统上进行操作和控制。通过 ERP 的成功实施,联想极大地提升了企业业务运转效率,为联想带来了巨大的利润回报。随后的两年联想开始在自己的供应链上运用 SCM 系统。在 SCM 软件系统选择上,联想选择了全球十大 PC 厂商 i2 科技公司,虽然自己的 ERP 选择了 SAP 的软件系统,但是 i2 SCM 强大的功能是联想所追求的。SCM、ERP 虽然都被视为企业管理软件,但是它们覆盖的领域和切入的角度有所不同。SCM 是着重于企业计划层面的管理软件,它控制的是整个企业运营关系链;ERP 则强调在企内部生产运营中进行优化活动。

在成功引入 ERP 之后,生产流程趋于用电子信息加以控制,之后联想将采购环节也依托于电子采购。首先根据物料采购模式通过电子商务网站下订单,经过综合系统处理之后,订单变成相应的零件需求数量,然后再到 ERP 系统中去查找数据,看使用库存是否满足生产。如果符合计划系统就向制造系统下单生产,并把交货日期反馈给客户;如果物料不足或是缺少部分物料,综合计划系统就会生成采购订单,通过采购协同网站向联想的供应商要货。

联想从 1980 年推出第一台自己的品牌电脑,到今天在全国 IT 业处于"霸主"地位,说明联想已经走出了适合自己发展的路,是一条"有联想特色的道路",今后联想如何在国内市场、全球范围内整合自身 SCM 将成为业界关注的焦点。

(资料来源:本案例引用自"联想公司供应链管理分析")

第八章 供应链信息管理

〖问题讨论与思考〗
1. 联想在实施电子商务之前存在哪些沟通问题?
2. 该公司是如何一步一步地推进其电子商务的?
3. 联想第二代电子商务具有什么功能?
4. 联想第三代电子商务的设想是怎样的?
5. 联想第三代电子商务将会给其带来什么优势?

第八章 供应链信息管理:供应链中的信息管理
供应链信息管理-牛鞭效益.mov

第九章 供应链成本控制

学习要点及目标

1. 了解供应链成本的含义、供应链成本管理的基础理论。
2. 掌握几种常用的供应链成本管理方法。
3. 熟知供应链成本管理过程中带来的客户收益和直接产品收益。

核心概念

供应链成本 作业成本(ABC)法 价值链分析(VCA)法 客户收益 直接产品收益

【引导案例】

宝钢供应链成本管理

供应链成本管理注重交易成本和作业成本的优化,同时要将成本管理提高到战略层面上,追求"精益管理"。宝钢充分认识到行业价值链分析在整个战略成本管理中的重要性,而采用供应链成本管理能改善行业价值链的联系,以形成整体竞争优势。

宝钢基本竞争战略目标是目标集聚战略,将供应链提升到战略的高度,将效率型和敏捷型供应链相融合,以"快速响应客户需求"的敏捷型销售供应链系统和"长期合作、互利双赢"的效率型采购供应链系统为基本框架,打造具有核心竞争力的战略供应链管理体系。

宝钢实施的是钢铁精品战略,通过钢铁产品市场细分,针对不同的目标市场和客户群实施低成本或差异化的竞争手段,来满足不同客户的个性化需求。因此,宝钢将"以客户为中心"作为销售供应链管理的重点。

宝钢认识到长期稳定客户关系的建立,是以高标准的产品质量和高效快捷的营销渠道为前提的,为此宝钢提出精益制造,快速敏捷响应客户需求,以提高客户满意度。

总之,公司销售供应链管理实现了两个战略目的:一是快速响应,高效地满足客户共同需求,使得产品大规模生产,实现其"低成本"的竞争战略;二是迅速满足客户个性化需求,通过"差异化"实现了公司在钢铁业的"别具一格",提升公司产品的价值。

采购环节是企业创造价值、成本控制的重要环节,如何快速响应客户需求、降低采购成本是企业效率型采购供应链管理的关键。目前,宝钢采购成本约占产品销售成本的60%,是产品成本竞争力的决定性因素之一。

公司供应链采购管理以满足最终客户需求为目的,利用采购信息平台,通过多种行之有效的采购模式发展与战略供应商的战略合作关系,减少不增值环节,如库存、质检等环节,降低了供应链存货成本。

总之,宝钢在供应链成本管理中始终以"价值管理"为核心,通过价值分析,优化供应链成本模型;通过企业间长期稳定的合作关系,减少不增值作业成本支出,实现了供应链价值最大化和双赢。

(资料来源:关于宝钢战略成本的案例分析)

第九章 供应链成本控制

第一节 供应链成本概述

一、供应链成本的含义

供应链成本包括企业在采购、生产、销售过程中为支撑供应链运转所发生的一切物料成本、劳动成本、运输成本、设备成本等。供应链成本管理可以说是以成本为手段的供应链管理方法，也是有效管理供应链的一种新思路。供应链成本管理是一种跨企业的成本管理，其视野超越了企业内部，是将成本的含义延伸到整个供应链上企业的作业成本和企业之间的交易成本，其目标是优化、降低整个供应链上的总成本。

(一)供应链成本管理产生的必要性

进入 21 世纪，竞争日益加剧，降价现象也许不是普遍趋势，但有一点是毫无疑问的，那就是现在的市场比十年前面临着更激烈的价格竞争。在许多西方国家，商业街和购物城都在持续降价，不仅如此，包括上游的供货商、原材料和工业产品也都在降价。全球竞争加剧已经使得价格达到有史以来的最低点，形成目前这种市场环境的因素主要有以下几方面。

第一，国外竞争者涌入市场，参与竞争，而他们的生产成本比较低。作为主要生产商，中国的迅速崛起就是一个很好的例子。

第二，贸易壁垒的撤除、市场自由度的增加使得新的竞争者更加易于进入市场，这一现象使得许多行业的企业过剩，导致供给过剩，增加了降价的压力。

第三，Internet 技术的应用使得价格信息的对比十分便捷。Internet 技术同时使得拍卖和交易在整个行业范围内进行，这也助长了降价的趋势。

第四，顾客和消费者越来越看重产品的价值。曾经，品牌和供应商具有一定的价格号召力，因为当时市场认为不可能以较低的价格生产出高质量的产品。

为了缓解不断降价的压力，保证一定的利润水平，企业必须寻求降低成本的方法，以度过降价的危机。由于企业已经实施了许多降低成本的方法与策略，所以想寻找到新的成本降低方法将是一个很大的挑战。我们认为，降低成本最后的机会就存在于供应链而非企业自身的运作中。因此，加强供应链成本管理，降低包括物流成本在内的供应链总成本已经成为企业提高效益的重要途径。

(二)供应链成本管理的基础理论

供应链成本管理虽然是 20 世纪 90 年代提出的一种新的成本管理模式，但追溯其理论渊源，与前人关于成本管理的各种研究理论是分不开的。供应链成本管理的理论基础主要包括价值链理论、委托代理理论、交易成本理论和组织间成本管理等。

1. 价值链理论

价值链的概念由迈克尔·波特于 1985 年在其《竞争优势》一书中首先提出，倡导运用价值链进行战略规划和管理，以帮助企业获取并维持竞争优势。价值链分析思想认为，每一个企业所从事的在经济上和技术上有明确界限的各项活动都是价值活动，这些相互联系的价值活动共同作用为企业创造价值，从而形成企业的价值链。比如，每一种产品从最初的原材料投入至到达最终客户手中，要经历无数个相互联系的作业环节——作业链。这种作业链既是一种产品的生产过程，也是价值创造和增值的过程，从而形成竞争战略上的价值链。

价值链分为三种：企业内部价值链、行业价值链和竞争对手价值链。企业内部价值链在运作过程中可以分解为多个单元价值链，每个单元价值链既会产生价值，也会消耗成本。某一个价值链单元是否创造价值，关键看它是否提供了后续价值链单元的所需，是否降低了后续价值链单元的成本。同时，任何一个企业均处于某行业价值链的某一段，价值链的上游是它的原材料或产品的供应商，下游是其分销商或最终客户。这种价值链的相互联系成为降低价值链单元的成本及最终成本的重要因素，而价值链中各个环节的成本降低则是企业竞争优势的来源。价值链分析对于成本管理理论的最大贡献就在于：它拓展了成本管理的视角，将成本管理的重心延伸到了组织边界，不只是局限于企业内部，而是包括了价值链伙伴。

2. 委托代理理论

委托代理理论的核心是解决在利益相冲突和信息不对称的情况下，委托人对代理人的激励问题，即代理问题，包括提高代理效果和降低代理成本。从广义上说，存在合作的地方就存在委托代理关系，而供应链成本管理强调的就是关系管理，也就是合作与协调，因此委托代理理论为其提供了分析的理论基础和方法框架。

根据委托代理理论来分析处于供应链中的企业，处于上游的企业所扮演的是代理方的角色，而下游企业是委托方角色。存在委托代理关系就必然要发生代理成本，包括激励成本、协调成本和代理人问题成本等。供应链成本管理中就需要对这些成本进行分析，以期降低代理成本，优化代理效果，使链条间企业的关系成本最低的同时达到良好的合作效果。

3. 交易成本理论

交易成本(Transaction Costs)，又称交易费用，最早由罗纳德·科斯在研究企业性质时提出，是指交易过程中产生的成本。交易成本包括"发现相对价格的工作"、谈判、签约、激励、监督履约等的费用。毫无疑问，利用外部资源将带来大量的交易成本。这就需要一种"围绕核心企业，通过信息流、物流、资金流的控制，从采购原材料开始，制成中间产品以及最终产品，最后由销售网络把产品送到消费者手中的，将供应商、分销商、零销商，直到最终客户连成一个整体的功能性网链结构模式"，这就是供应链。

根据交易成本理论对供应链成本进行分析，可以发现供应链企业之间的交易成本大致包括寻找价格的费用、识别产品部件的信息费用、考核费用、贡献测度费用。另外，供应链企业之间的长期合作建立在利益共享的基础上，利益共享的一个重要依据是各企业在供应链整体运作中的贡献。由于分解和考核各企业的贡献是困难的，这时会存在索取价格超过应得价格的情况，以至于代理人的仲裁必不可少，这也是供应链交易成本的内容之一。因此，为了降低整个供应链的交易成本，企业之间应该建立紧密的合作伙伴关系，彼此信任，通过信息网络技术实现信息共享。

4. 组织间成本管理

组织间成本管理(Inter-organizational Cost Management，ICM)是对供应链中有合作关系

的相关企业进行的一种成本管理方法，其目标是通过共同的努力来降低成本。为了完成这个目标，所有参与的企业应该认同这个观点："我们同坐一条船"，并且要鼓励它们增加整个供应链的效率而不是它们自身的效率。如果整个供应链变得更加有效率，那么它们分得的利润也就更多。因此组织间成本管理是一种增加整个供应链利润的方法。由于它在很大程度上依赖于协调，所以只适用于精细型供应链，因为在精细型供应链中，买卖双方互相影响，信息共享程度也很高。为了使组织间成本管理行之有效，任何改进措施取得的超额利润应该让所有参与的企业共享。这种共享可以刺激到所有参与企业更好地共同合作。

在供应链中，企业可以有三种途径来应用组织间成本管理来协调降低成本的活动。第一，帮助企业、客户和供应商寻求新的方法来设计产品，以使得企业在较低的成本下生产产品。第二，帮助企业及其供应商寻求方法，在生产的过程中更进一步地降低产品成本。第三，帮助企业寻求方法，使得企业间的交接更有效率。

供应链成本管理的理论基础除了上述的理论之外，还包括博弈论、约束理论、生命周期成本理论等。

二、供应链成本核算的内容

(一)生产、关系和成本三个方面的整合

1. 成本管理的相关评论

从传统上讲，管理和成本会计方法的重点都是将已经发生的成本进行反向分配。这些信息对各个层次的管理人员进行成本分析和控制已经失去作用，并会改变企业的成本结构，特别是会造成间接成本的大幅上升。于是引发了用于支持特定决策和组织整体管理方法的发展。"成本管理包含以事先影响成本结构和成本行为目标的所有(控制)措施。通过这些活动来评估、计划、控制和评价价值链中的成本。"大量新成本管理工具由此产生。目标成本上升法和作业成本法就是其中最为常见的新方法，它们强调了成本数据在管理中的应用，并引发了前瞻式的成本管理。埃尔拉姆(Ellram)所提出的所有权总成本概念的最新发展与库珀(Cooper)和斯拉莫得(Slagmulder)所提出的跨组织成本管理为如何将供应链的相关问题整合进成本管理思想提供了实例。所有权总成本有助于分析企业与供应商之间的相互关系，它着眼于供应商选择和优化企业与供应商的相互作用，属于生产—关系矩阵的第四个决策区域。跨组织成本管理所提出的方法则是以精益管理为基础，产生了大量改善供应商网络的精益设计和运作的管理方法。如前所述，生产和关系两个方面都要考虑，却没有将二者联系起来的措施。因此，单一的成本管理工具都是分别进行这两个方面的阐述。目前还没有整体式的供应链成本管理框架。

2. 供应链成本核算的层次结构

大多数成本管理方法都着眼于公司的内部成本、直接成本和间接成本，根据引起这些成本的决策分别进行管理。许多供应链决策必须考虑供应商和客户的需要和能力才能做出，因此需要采用能够对供应链成本进行分类的管理工具，用这些工具分析和控制供应链中的成本。

供应链成本核算方法必须将生产成本和交易成本全部纳入考虑范围。这一术语来源于

在新制度经济学中占据重要地位的交易成本的概念。在直接成本和间接成本的传统划分的基础上产生了三个成本层次的划分：直接成本、作业成本和交易成本(见图9-1)。

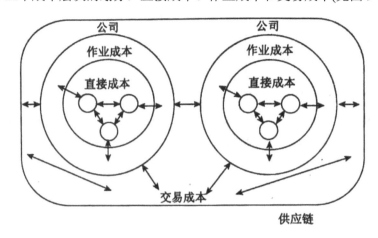

图9-1 供应链成本核算中的三个成本层次

这三个术语的定义如下。

(1) 直接成本：直接成本是由生产每一单位产品所引起的，包括原材料成本、人工成本和机器成本等。这些成本主要由原材料和劳动力的价格决定。

(2) 作业成本：作业成本是由那些与产品没有直接关联，但与产品的生产和交付相关的管理活动所引起的成本。这些成本因公司的组织结构而产生。

(3) 交易成本：交易成本包括处理供应商和客户信息及沟通所产生的所有成本。因此，这些成本源自公司同供应链上其他公司的相互交流。

这三个成本层次为分析和优化供应链成本奠定了基础，但只有将它们整合进生产—关系矩阵才能产生作用。

(二)四个决策区域的成本分析

1. 生产、关系和成本三个方面的整合

前面引入了作为供应链管理概念的生产—关系矩阵和三个成本层次，将这些源自供应链管理和成本管理的概念综合到一起就产生了一种供应链成本核算的概念框架(见图9-2)。供应链成本核算需要分析和控制供应链中发生的全部成本。这一概念可以直接评估成本，但没有提到替代标准，如周期和库存。这种方法还融合了所有权总成本的观点，所有权总成本考虑了三个成本层次，但只考虑了生产阶段和交互界面优化。跨组织成本管理的概念也描述了生产和关系两个方面，但既没有进行融合，也没有将成本考虑进去。下面介绍生产—关系矩阵四个决策区域的成本分析。

2. 四个决策区域的成本分析

1) 生产和网络的结构

第一个决策区域是生产和网络的结构，决定提供哪些产品和服务及相关的合作伙伴等。这些决策通常可以看作独立的决定，因此不存在成本问题。采购主要考虑价格，因此只需

考虑直接成本。战略外包决策必须有远见，必须考虑相关活动及与供应商和客户之间必不可少的交易。这可能会引起针对供应商和客户关系而进行的战略投资，将引起极高的交易成本。这些交易成本通常是一次性投资，投资可以整合和优化供应链上各个公司之间的流程，因此可以通过长期合作降低作业成本而获得投资回报。通常在这一决策区域只会发生数量有限的直接成本。供应链成本核算的概念框架如图9-2所示。

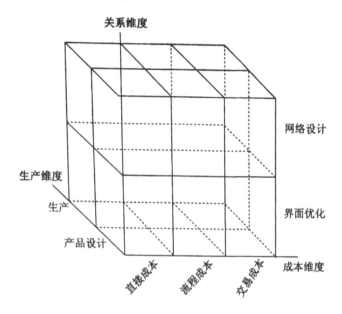

图 9-2　供应链成本核算的概念框架

2) 供应链中的产品设计

不同产品和服务有不同的要求，有些产品和服务要求相关公司在设计阶段就进行紧密的合作。高级供应商负责提供复杂的零部件。公司之间的合作在很大程度上取决于产品及产品的特性，因此，初次建立合作关系时的交易成本将在总成本中占大头。供应商的能力较低，交易成本较高，因此通常需要频繁地同这类供应商签订严格的合同。

然而，成本的重心是作业成本。研发活动的成本只能分摊到整体产品中，而且要取决于内部结构。如果将专有技术(Know-how)转让给供应商，可能会缩短研发时间。这同样会增加交易成本，但会降低作业成本。由于在设计和开发流程中需要用到某些原材料，因此会产生少量直接成本，但事实上，大部分直接成本都已经由这些决策决定了。

3) 产品网络的形成

产品和供应链管理必须相互兼容，必须遵循这些决策所做出的成本要求。信息技术方面的投资必须能显著降低公司之间数据交换的运作成本，这样才会影响交易成本和作业成本。然而必须遵守这种方法的限制。如果产品的需求稳定且可以预测，那就必须保证高效地供货。如果是服饰等时尚产品，那就需要定期检查供应链中的发货量和库存量。未售出的产品必须在季末削价处理，但失销(Lost Sale)机会则无法弥补。因此，要想设计出理想的供应链，就会经常在公司内部或供应链范围内的流程中引起交易成本和作业成本。

4) 供应链的流程优化

供应链流程优化上主要强调成本缩减措施，通常是缩减直接成本和作业成本。分析供应链整体的生产流程和库存点有助于找出供应链的薄弱环节，从由于错误地使用某些原材料而导致废品率较高，到重新设计生产流程或优化公司与供应商之间的订单履行等。如果引入电子数据交换系统或者将决策提前到前一决策区域，信息所引起的直接成本和作业成本就会显著降低。

3. 整合供应链成本核算的四个决策区域

现在我们将四个决策区域的讨论综合为一体。如图 9-3 所示，随着供应链活动操作提高，成本一步步地从交易成本转向作业成本和直接成本。

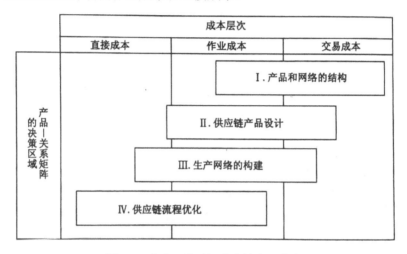

图 9-3　生产—关系矩阵中的主要成本

三个成本层次的相对重要性在很大程度上取决于企业提供的产品和服务。例如，生命周期较长的产品在供应商选择、关系构建及产品和流程设计方面所需的交易成本较低，流行周期或技术周期较短的产品在初期决策阶段所需的成本较高。由于这些产品在市场上流通的时间通常短于产品开发时间，因此投资无法收回的风险较高。这就决定了交易成本和作业成本的重要性，需要进行积极主动的管理。

从以上解释可以看出，决策区域之间的边界十分模糊。但供应链成本核算的概念框架被证实适用于供应链成本的分析和控制。生产、关系和成本包含了供应链中的所有重要决策，突出了它们在成本方面的影响。

到目前为止，尚未考虑供应商和客户的交易成本和作业成本，这主要是因为公司更倾向于关注自己的生产线。但在竞争日益激烈的全球竞争环境中，必须考虑供应链的整体竞争能力。成本管理将形成一个针对供应链各个环节的一体化供应链管理部门。除此之外，增强供应链和合作伙伴的信任和信息沟通也十分重要，供应链合作伙伴应将供应链视为一个独立的实体，只有通过共同努力并关注共同利益才能提升供应链的竞争能力和客户满意度。

第二节　基于活动的成本控制方法

要达到构建优化供应链的目标仅仅依靠最新的软硬件技术或电子商务工具是不行的，有效的方法只能是在结合了电子商务工具和先进管理思想的商业流程中找到。这种流程、

第九章 供应链成本控制

工具和管理的融合,通过应用行之有效的优化模型而得以最佳地管理、均衡和监控。采用优化供应链的"ABC"方法来设计和改进流程,是模型和新技术取得成功的关键。

一、基于活动的成本控制方法的含义

(一)基于活动的成本控制方法的由来

20世纪杰出的会计大师科勒教授在1952年编著的《会计师词典》中,首次提出了作业、作业账户、作业会计等概念。1971年,乔治·斯托布斯(George Staubus)教授在《作业成本计算和投入产出会计》(Activity Costing and Input-Output Accounting)中对"作业""成本""作业会计""作业投入产出系统"等概念做了全面系统的讨论。20世纪80年代后期,美国芝加哥大学的青年学者库伯(Robin Cooper)和哈佛大学教授开普兰(Robert Skaplan)注意到这种情况,在对美国公司调查研究之后,发展了斯托布斯的思想,提出了以作业为基础的成本计算(Activity Based Costing,ABC)法(1988)。

(二)基于活动的成本控制方法与传统成本会计方法的比较

ABC法是一个过程,同时也是进行价值链分析的前提。它的一个重要特点在于它不是仅就成本论成本,它超越了传统成本会计的界限。传统的会计制度是在劳动力高度密集、管理费用低、产品组合和产品项目少、服务成本可忽略的生产性企业中发展而来的,间接费用(管理费用)是根据一些粗略的指标如劳动量或产量等来估算。而ABC法不仅能够提供相对精确的产品成本信息,在作业链中,每完成一项作业就消耗一定资源,同时能对所有作业活动追踪动态反映。它将企业的直接成本与间接成本分配到各个主要活动中去,然后将这些活动分配给相关的产品和服务。它通过把企业主要活动和特定的产品或服务联系起来,帮助管理者了解耗费资源的真正原因和每项产品与服务的真实成本。基于活动的成本控制(ABC)方法与传统成本会计方法的比较如表9-1所示。

表9-1 基于活动的成本控制(ABC)方法与传统成本会计方法的比较

传统方法	ABC方法
工资 $100	门窗清理 $40
设备 $80	门窗油漆 $75
供给 $20	门窗检测 $75
管理 $45	门窗装配 $55
总成本 $245	总成本 $245

ABC法并不能够消除或者改变成本,它只是为我们提供成本是如何被消耗掉的真实信息。在这个例子中,如果你打算降低成本,根据传统方法提供的信息,你只能选择降低工资成本或供给成本,因为你不能细化设备或者管理成本。利用ABC分析方法所提供的信息,你才能清楚地划分另外两项活动的成本,并把它们纳入企业的降低成本的行动中。

传统的会计系统中,成本分配方法是不精确的。例如,大批量生产的产品所耗费的管理成本通常比它们实际所承担的要少50%~200%,小批量产品耗费的管理成本通常比它们所承担的成本要多200%~1000%。这就意味着被认为高营利性的产品或服务事实上可能在蚕食企业利润。当今企业越来越多地向顾客提供定制化的产品和服务(通常产品生产批量为1),在这种情况下,传统会计的不精确性问题就越来越严重。

为了正确地处理成本与产品和服务的关系,ABC方法按照活动所耗用的资源,把成本分配给单个的活动。然后,再把成本分配给成本对象,诸如按照生产产品或者提供服务所进行的活动把成本分配给产品或服务。ABC所提供的信息有助于定价、外包、资本支出、运作效率的分析和决策。

(三)基于活动的成本控制方法的基本思想

作业成本法(ABC法)是一种通过对所有作业活动进行追踪动态反映,计量作业和成本对象的成本,评价作业业绩和资源的利用情况的成本计算和管理方法。它以作业为中心,根据作业对资源耗费的情况将资源的成本分配到作业中,然后根据产品和服务所耗用的作业量,最终将成本分配到产品与服务中(如图9-4所示)。

- 资源:人和机器设备。
- 资源动因:活动消耗资源的频率和强度的量度标准。
- 作业:人和机器设备所执行的流程。
- 作业动因:成本对象所需活动的频率和强度的量度,使成本按照成本对象分配。
- 成本对象:生产的产品和提供的服务。

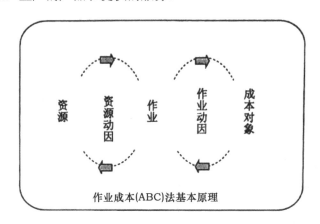

图9-4 作业成本法基本模型

ABC成本法应用于物流成本核算的理论基础是:产品消耗作业,作业消耗资源并导致成本的发生。其中资源动因反映了作业中心对资源的消耗情况,是资源成本分配到作业中心的标准;作业动因是将作业中心的成本分配到产品、劳务或客户中的标准,它也是将资源消耗与最终产出相沟通的中介。

(四)基于活动的成本控制方法的基本步骤

(1) 界定企业物流系统中涉及的各个作业。作业是工作的各个单位(Units of Work),作业的类型和数量会随着企业的不同而不同。例如,在一个客户服务部门,包括处理顾客订单、解决产品问题以及提供客户报告三项作业。

(2) 确认企业物流系统中涉及的资源。资源是成本的源泉,一个企业的资源包括直接人工、直接材料、生产维持成本(如采购人员的工资成本)、间接制造费用以及生产过程以外的成本(如广告费用)。资源的界定是在作业界定的基础上进行的，每项作业必涉及相关的资源，与作业无关的资源应从物流核算中剔除。

(3) 确认资源动因，将资源分配到作业。作业决定着资源的耗用量，这种关系称作资源动因。资源动因联系着资源和作业，它把总分类账上的资源成本分配到作业。

(4) 确认成本动因，将作业成本分配到产品或服务中。作业动因反映了成本对象对作业消耗的逻辑关系，例如，问题最多的产品会产生最多客户服务的电话，故按照电话数的多少(此处的作业动因)把解决客户问题的作业成本分配到相应的产品中去。

二、企业实施 ABC 方法的步骤和关键因素

作业成本法没有固定的框架和统一的模式，不同的企业有不同的实施目的和核算体系，因此在多个行业的具体应用中，必须结合企业的实际开展。在中国"信息化带动工业化"的国家战略引导下，制造企业应用作业成本法的空间十分巨大，但企业必须通过理论学习、模型设计等途径，获得成功实施作业成本管理的知识和经验。

(一)企业实施 ABC 方法的步骤

从数据、关系和成本的总量来看，ABC 方法非常适合应用计算机进行操作。现有的 ABC 软件已经显示了强大的功能，并大大减少了实施 ABC 方法所有的步骤的时间。

(1) 获得最高管理层的支持和同意。这一步非常关键，原因如下：ABC 方法要求与企业不同部门的代表组成跨部门小组，最高管理层的支持会鼓励小组成员相互合作。ABC 方法将对企业及其活动的传统观念形成挑战，可能会要求企业机构的改革，高层管理者必须能够支持这种根本性的改革。

(2) 小组必须获得必要的信息以确定资源、活动成本指示器和成本对象，可以从企业的总账和平衡账目中获取必要的财务数据。这些资料提供了结构数据—资源的种类、活动的类型以及生产销售的产品或服务，同时还提供定期数据—资源的成本、消费量和产量的信息。结构数据一般保持稳定不变，而定期数据会随着 ABC 方法评估时期的变化而改变。

(3) 跨部门小组利用企业总账及平衡账目的信息来为各个成本对象分配活动，为各项活动分配资源。到此为止，我们就能确定出各个产品和服务的实际成本和主赢利能力。

(二)企业实施 ABC 方法的关键因素

经验表明，要成功实施 ABC 方法，其关键因素不仅包括上述高层管理者的支持和跨部门小组的合作，还应包括以下几个基本要求。

(1) 要开展企业内部全体员工针对 ABC 方法的教育学习。因为 ABC 方法有潜力渗透到企业内部的各个角落，因而有必要让每个员工了解 ABC 方法的过程、目的和好处。例如中层管理人员应了解 ABC 方法，ABC 方法可以提供一些实际信息以帮助降低成本。

(2) 要有适当的定位。必须把 ABC 方法当作一个积极行动来引进，这项行动不久将成为企业业务过程中不可分割的一部分，而不是作为一项会计政策，也不是一个短命的时髦新体系。

(3) 企业要有清晰的目标沟通，并鼓励企业内部各部门提供各种帮助，识别相应的行为。企业内部的教育学习还应包括与 ABC 方法有关的其他相关的信息。参与 ABC 方法实施过程的各个员工必须广泛地获取来自各个部门的信息搜集。

(4) 要用实验项目开始实施过程。企业内部要先对 ABC 方法进行实验，这个实验一定要包含企业业务过程中最重要的方面，从而既有利于成本的分配，又能显示可测量的结果。

(5) 要能看到实施 ABC 方法所带来的好处和成功。当试验完成以后，其结果应在企业内部进行传达，这样，在企业继续把 ABC 项目推广到其他业务时就能获得充分的支持。

(6) 要确定好实施小组组长。这个人要能够始终将其精力全部放在 ABC 项目上，并且至少要坚持到 ABC 项目建立之后。

三、基于活动的成本控制方法的应用实例

(一)应用实例一

一个生产者、分销商或零售商想确定将产品和服务(成本对象)运送到市场所花费的实际成本，企业确定了它的两项主要活动是订货处理和客户支持，这两项活动的成本指示器分别为订单数量和电话个数。

为了观察传统的成本会计制度转变为 ABC 方法的效果，我们可以假设一家工厂生产三种产品，总间接成本为 1000 元。这三种产品每周的产量分别是：X 产品，1000 单位；Y 产品，600 单位；Z 产品，400 单位。

根据产量分配成本，假设每单位产品所耗费的间接成本是相等的，则每种产品的间接成本分别是：X 产品，500 元；Y 产品，300 元；Z 产品，200 元。运用 ABC 方法分析出总量为 1000 元的间接成本的主要活动是机器安装，而产品 Z 的机器安装时间是产品 X 和 Y 的两倍，根据这些信息所确定的成本就应该是：X 产品，250 元；Y 产品，250 元；Z 产品，500 元。

(二)应用实例二

ABC 法还可以应用于赢利能力分析，下面通过对收益进行 ABC 方法分析，可以对企业成本对象的赢利能力有所了解。

在传统的成本会计制度中，销售商经常使用总利润作为产品赢利能力的衡量标准。表 9-2 显示了三种产品的分析结果，C 产品的赢利能力最强。

表 9-2 传统的成本会计中三种产品的分析结果

单位：万元

	品牌 A	品牌 B	品牌 C
销售价格	1.59	1.59	1.49
直接成本	1.20	1.18	1.00
毛利润	0.39	0.41	0.49

然而，使用 ABC 法却完全是另一种情况，它会捕捉与三种产品相关的所有活动，如表 9-3 所示。如果只考虑利润，品牌 C 似乎赢利能力最强，但如果将所有成本和收益项目都考虑进去的话，品牌 A 就当仁不让了。

表 9-3　ABC 方法的分析结果

单位：万元

	品牌 A	品牌 B	品牌 C
销售价格	1.59	1.59	1.49
直接成本	1.20	1.18	1.00
毛利润	0.39	0.41	0.49
交易资金	0.10	0.10	0.00
净收益	0.49	0.51	0.49
活动成本	0.40	0.50	0.45
利润	0.09	0.01	0.04

第三节　价值链分析(VCA)方法

一、VCA 方法的含义与特征

(一)VCA 方法的含义

价值链分析(VCA)法是由美国哈佛商学院教授迈克尔·波特提出来的，是一种寻求、确定企业竞争优势的工具。企业有许多资源、能力和竞争优势，如果把企业作为一个整体来考虑，却无法识别企业的竞争优势，这就必须把企业活动进行分解。通过考虑这些单个的活动本身及其相互之间的关系来确定企业的竞争优势。价值链分析法，为国际知名公司麦肯锡和其他国际知名公司主要使用的方法。它通过对委托者的价值链和资金状况进行分析，研究优势、劣势和管理(主要是财务管理)中存在的问题，从而提出企业发展研究报告。这种方法的特点是揭示问题简捷、明确，解决问题可操作性强。但价值链分析法的主要功效体现在优化方面，当委托者的问题由更为复杂的结构所决定，其作用就大大减弱了。这种方法的应用在美国市场较有效，主要基于美国市场发达和市场的法制健全，在目前中国市场环境中应用功效极为有限。

VCA 方法是一个过程，用来评估当前的经营状况，评价拟定改进措施的潜在影响。VCA 方法不同于传统方法，它为企业内部影响其产品或服务价值的所有活动分配成本，同时也能从贸易伙伴的角度来看待成本。运用价值链分析方法进行成本动因分析，跳出了传统成本分析中以狭隘的会计科目、产量等少量的因素进行分析的方法，代之以更宽广、与战略相结合的方式来分析成本、了解成本，克服了传统成本管理中成本分析和成本控制开始得太迟(从材料采购开始)、结束得太早(止于销售)、忽视上下游价值链的缺点。在提升企业的价值方面，它要求不仅要从产品、销售等价值链来分析如何提升企业价值，还要求开阔思路，从增强、扩展、重构和再造价值链方面来分析研究，使企业的价值获得提升。

(二)VCA 方法的特征

1. 价值链分析法的基础是价值，各种价值活动构成价值链

价值是买方愿意为企业提供给他们的产品所支付的价格，也代表着需求满足的实现。

价值活动是企业所从事的物质上和技术上界限分明的各项活动，并且是企业制造对企业买方有价值的产品基石。

2. 价值活动可分为基本活动和辅助活动

基本活动涉及产品的物质及其销售、转移给买方和售后服务的各种活动。辅助活动是辅助基本活动并通过提供外购投入、技术、人力资源以及各种公司范围的职能以相互支持。

3. 价值链列示了总价值

除包括价值活动外，价值链还包括利润，利润是总价值与从事各种价值活动的总成本之差。

4. 价值链的整体性

企业的价值链体现在更广泛的价值系统中。供应商拥有创造和交付企业价值链所使用的外购输入价值链，许多产品通过渠道价值链到达买方手中，企业产品最终成为买方价值链的一部分，这些价值链都在影响企业的价值链。因此，获取并保持竞争优势不仅在于理解企业自身的价值链，而且也要理解企业价值链所处的价值系统。

5. 价值链的异质性

不同的产业具有不同的价值链。在同一产业，不同企业的价值链也不同，这反映了它们各自的历史、战略以及实施战略的途径等方面的不同，同时也代表着企业竞争优势的一种潜在来源。

二、VCA 方法的内容

(一)识别价值活动

识别价值活动要求在技术上和战略上有显著差别的多种活动中相互独立。价值活动有两类：基本活动和辅助活动。

1. 基本活动

(1) 内部后勤：指与接收、存储和分配相关联的各种活动。

(2) 生产经营：指与将各种投入转化为最终产品发送给买方相关联的各种活动。

(3) 外部后勤：指与集中、仓储和将产品发送给买方相关联的各种活动。

(4) 市场营销：指与提供一种买方购买产品的方式和引导他们进行购买相关联的各种活动。

(5) 服务：指因购买产品而向客户提供的、能使产品保值增值的各种服务，如安装、维修、零部件供应等。

2. 辅助活动

(1) 采购：指购买用于企业价值链各种投入的活动。

(2) 技术开发：每项价值活动都包含着技术成分，无论是技术诀窍、程序，还是在工艺设备中所体现的技术。技术开发由一定范围的各项活动组成，这些活动可以被广泛地分为改善产品、工艺及各种努力。技术开发可以发生在企业中的许多部门，与产品有关的技术开发对整个价值链起辅助作用。

(3) 人力资源管理：指招聘、培训、职员评价，以及工资、福利相关联的各种活动。它不仅对企业人员管理起作用，而且支配着整个价值链。

(4) 企业基础设施：企业基础设施由大量活动组成，包括总体管理、计划、财务、会计、法律、政治事务及质量管理等。它与其他活动不同，不是通过单个活动，而是通过整个价值链起辅助作用。

(二)确定活动类型

每类基本辅助活动都可分为以下三种类型。

(1) 直接活动：涉及直接为买方创造价值的各种活动，如零部件加工、安装、产品设计、销售、人员招聘等。

(2) 间接活动：指那些使直接活动持续进行成为可能的各种活动，如设备维修与管理、工具制造、原材料供应与储存、新产品开发等。

(3) 质量保证：指保证其他各种活动质量的活动，如监督、视察、检测、核对、调整和返工等。

这些活动有着完全不同的经济效果，对竞争优势的确立起着不同的作用，应该加以区分，权衡取舍，以确定核心和非核心活动。

(三)分析企业的竞争优势

企业竞争优势有三个主要来源，具体如下。

1. 价值活动本身

它是构筑竞争优势的基石，企业从事各种不同的价值活动，虽然所有这些活动对企业的成功都是必需的，但是确认那些支持企业竞争地位的价值活动仍然很重要。因此，对一个企业而言，在关键价值活动的基础上建立和强化这种优势很可能获得成功。且由于价值活动已列在企业的价值链中，只要同其他企业对比，就不难发现自身竞争优势所在。

2. 价值链的内部联系

价值链并不是一些独立活动的综合，而是由相互依存的活动构成一个系统。价值活动是由价值链的内部联系联结起来的，基本活动之间、不同支持活动之间、基本活动与支持活动之间存在着联系，这些联系是某一价值活动进行的方式和成本与另一活动之间的关系，竞争优势往往来源于这些联系，如成本高昂的产品设计、严格的材料规格或严密的工艺检查。这些活动也许会大大减少服务成本的支出，而使总成本下降。

3. 价值链的外部联系

联系不仅存在于企业价值链的内部，而且存在于企业价值链与供应商、渠道价值链和买方价值链之间，供应商、渠道、买方的各种活动进行的方式会影响企业活动的成本或利益，反之也是如此。供应商是为企业提供某种产品或服务的，销售渠道具有企业产品流通的价值链，企业产品表示买方价值链的外购投入，因此，它们各自的各项活动和企业的价值链间的各种联系都会为增强企业的竞争优势提供机会。

企业应对价值链的内部联系、外部联系给予高度的关注。对这些联系进行规划，既可以提供独特的成本优势，又可以此为基础将组织的产品与服务和其他组织的区分开来，从而实现差异化。而竞争者常常会仿效组织的某项活动或某个行为，却很难抄袭到价值链之间的这些联系。

三、VCA 方法的实施步骤

在企业的价值活动中，并不是每一个环节都会使企业价值增值而具有竞争优势。企业作为一个整体，只有某些特定的活动或活动之间的联系是创造企业价值的关键环节。它可能来源于采购、设计、生产、人力资源管理、营销、服务等活动过程，也可能来自于价值链活动中某两个或几个活动之间的联系，或者某个活动的细分活动。对于战略环节的确定，需要估算每一项活动创造的价值及成本增量，求得每一环节的附加价值，进而确定企业价值链上的战略环节。价值链分析的基本步骤如下。

第一，分析企业内部价值链，划分企业的主要价值活动。在划分过程中，关键在于确定影响各项价值活动的成本动因。成本动因主要分为两大类：一种是结构性成本动因，包括产品规模，产品的技术、范围、多样性等；另一种是执行性成本动因，包括员工责任感、质量管理、生产能力利用程度、产品设计合理程度等。通过这种可以量化的成本分析，找出自己优势的价值活动。

第二，分析外部产业价值链。企业要获得竞争优势，不能局限于内部价值链分析，还需要把企业置身于整个产业价值链，从战略高度分析，考虑是否可以利用产业链的上游、下游来帮助企业进一步降低成本，或者调整企业在整个产业价值链中所处的位置。

第三，分析竞争对手价值链。在充分识别竞争对手价值链和价值活动的基础上，通过对其价值链的调查、测算和模拟，确定本企业与竞争对手相比在各价值环节的优势和劣势。通过以上对价值链的综合分析，就可以找出企业的战略环节。

本 章 小 结

本章阐述了供应链成本的含义、供应链成本管理的基础理论、供应链成本核算的内容及供应链成本管理方法：基于活动的成本控制(ABC)方法、价值链分析方法。在成本管理的基础上，提出了客户收益与直接产品收益。

供应链成本包括企业在采购、生产、销售过程中为支撑供应链运转所发生的一切物料成本、劳动成本、运输成本、设备成本等。供应链成本管理可以说是以成本为手段的供应链管理方法。供应链成本管理的基础理论包括价值链理论、委托代理理论、交易成本理论和组织间成本管理等。在直接成本和间接成本的传统划分基础上，可将供应链成本划分为直接成本、作业成本和交易成本。

常用的供应链成本管理方法包括：基于活动的成本控制方法、价值链分析方法。基于活动的成本控制方法，是以作业为中心，根据作业对资源耗费的情况将资源的成本分配到作业中，然后根据产品和服务所耗用的作业量，最终将成本分配到产品和服务中的成本计算和管理方法。

价值链分析(VCA)方法是通过对委托者的价值链和资金状况进行分析,研究优势、劣势和管理中存在的问题,从而提出企业发展研究报告。价值链分析方法首先要识别价值活动,确定活动类型,分析企业的竞争优势,从而找出企业的战略环节。

复习思考题

1. 供应链成本包括哪些内容?
2. 供应链成本管理主要有哪些基础理论?
3. 供应链成本管理有哪些方法?
4. 简述作业成本法的基本思想与实施步骤。
5. 简述实施作业成本法的关键因素。
6. 简述价值链分析法的含义及特征。
7. 简述价值链分析法的步骤。

【讨论案例】

美的供应链成本控制

中国制造企业90%的时间花费在物流上,物流仓储成本占据了总销售成本的30%~40%,供应链上物流的速度以及成本更是令中国企业苦恼的老大难问题。创立于1968年的美的集团,是一家以家电业为主,涉足房产、物流等领域的大型综合性现代化企业集团。美的针对供应链的库存问题,利用信息化技术手段,一方面从原材料的库存管理做起,追求零库存标准;另一方面针对销售商,以建立合理库存为目标,从供应链的两端实施挤压,加速了资金、物资的周转,实现了供应链的整合成本优势。

1. 零库存梦想

美的虽多年名列空调产业的"三甲"之位,但是不无一朝城门失守之忧。早在2000年,在降低市场费用、裁员、压低采购价格等方面,美的频繁变招,其路数始终围绕着成本与效率。在广东地区已经悄悄为终端经销商安装进销存软件,即实现"供应商管理库存"(VMI)和"管理经销商库存"中的一个步骤。

对于美的来说,其较为稳定的供应商共有300多家,其零配件(出口、内销产品)加起来一共有3万多种。早在2002年中期,利用信息系统,美的集团在全国范围内实现了产销信息的共享。有了信息平台做保障,美的原有的100多个仓库精简为8个区域仓,在8小时可以运到的地方,全靠配送。这样一来美的集团流通环节的成本降低了15%~20%。运输距离长(运货时间3~5天的)的外地供应商,一般都会在美的的仓库里租赁一个片区(仓库所有权归美的),并把其零配件放到片区里面储备。

在美的需要用到这些零配件的时候,它就会通知供应商,然后再进行资金划拨、取货等工作。这时,零配件的产权才由供应商转移到美的手上。而在此之前,所有的库存成本都由供应商承担。此外,美的在ERP基础上与供应商建立了直接的交货平台。供应商在自己的办公地点,通过互联网(Web)的方式就可登录到美的公司的页面上,看到美的的订单内容,包括品种、型号、数量和交货时间等,然后由供应商确认信息,这样一张采购订单就已经合法化了。实施 VMI 后，供应商不需要像以前一样疲于应付美的的订单，而只需做一些适当的库存即可。供应商则不用备很多货，一般有能满足 3 天的需求即可，大幅提高了美的零部件年库存周转率。其零部件库存也由原来平均的 5~7 天存货水平，大幅降低为 3 天左右，而且这 3 天的库存也是由供应商管理并承担相应成本。库存周转率提高后，一系列相关的财务"风向标"也随之"由阴转晴"，让美的"欣喜不已"：资金占用降低，资金利用率提高，资金风险下降，库存成本直线下降。

2. 消解分销链存货

在业务链后端的供应体系进行优化的同时，美的也正在加紧对前端销售体系的管理进行渗透。在经销商管理环节上，美的利用销售管理系统可以统计到经销商的销售信息(分公司、代理商、型号、数量、日期等)，而近年来则公开了与经销商的部分电子化往来，以前半年一次的手工性的繁杂对账，现在则进行业务往来的实时对账和审核。

在前端销售环节，美的作为经销商的供应商，为经销商管理库存。这样的结果是，经销商不用备货了，"即使备货也是 5 台、10 台这种概念"，不存在以后淡季打款。经销商缺货，美的立刻就会自动送过去，而无须经销商提醒。经销商的库存"实际是美的自己的库存"。这种存货管理上的前移，可以使美的有效地削减和精准地控制销售渠道上昂贵的存货，而不是任其堵塞在渠道中，占用经销商的大量资金。

美的以空调为核心对整条供应链资源进行整合，更多的优秀供应商被纳入美的空调的供应体系，美的空调供应体系的整体素质有所提升。依照企业经营战略和重心的转变，为满足制造模式"柔性"和"速度"的要求，美的对供应资源布局进行了结构性调整，供应链布局得到优化。通过厂商的共同努力，整体供应链在"成本""品质""响应期"等方面的专业化能力得到了不同程度的发育，供应链能力得到提升，因而保障了在激烈的市场竞争中取得了较好的经济收益。

〖问题讨论与思考〗

1. 分析美的是如何降低其供应链成本的？它的基本思想是什么？
2. 结合案例思考美的集团的做法对我国其他类型的企业降低供应链成本有哪些启示。

第九章　供应链成本控制：
价值链理论.mp4

第十章 供应链绩效评价

学习要点及目标

1. 了解供应链绩效评估的特点与要求。
2. 熟悉平衡计分卡的工作原理。
3. 熟悉 SCOR 模型的工作原理。
4. 能设计出一个供应链绩效评估体系。

核心概念

绩效评估　供应链　平衡计分卡　SCOR

【引导案例】

Mopar 零件集团是怎样提高供应链周转率的

Daimler Chrysler 公司的 Mopar 零件集团年销售额为 40 亿美元,在美国和加拿大地区经营汽车零配件的分销。Mopar 有一个极为复杂的供应链,有 3000 个供应商、30 个分销中心和每天来自 4400 个北美经销商的 225 000 个经销商订单。然而,售后零配件销售极难预测,因为它不是直接由生产所驱使,相反,是由如天气、车辆地点、车辆磨损和破坏,以及顾客对经销商促销的反应等不可预测因素所决定。顾客不愿意为替换零件而花费等待的时间,因此零售商不得不寻求可替代的零配件资源以避免顾客不满和失去市场份额。为了保证经销商不使用非 OEM 零件,汽车公司一般都会因订货管理、库存平衡、供应奖励收费等导致高昂的补货成本。Mopar 零件公司就面对着这样一个困境。Daimler Chrysler 公司意识到了它未来的竞争力在于甄别、理解、采取解决行动并防止昂贵的服务供应链问题的能力,因此,开始实施供应链绩效管理(SCPM)系统。

Mopar 的 SCPM 系统通过监测未来需求、库存和与预先确定的目标相关的供应链绩效关键指标来甄别出绩效例外。然后,用户利用该系统探究问题,找到个别的或相互关联的可选方案。导致问题的潜在根本原因包括非季节性天气(或者更好或者更坏)、竞争性促销、对预测模型的不完备假设。理解问题和可选方案后,系统用户开始采取解决问题的行动。Mopar 集团通过削减安全库存和不必要的"过期"(不可能被接受)运输,每年节约数百万美元的成本。仅仅在第一年,Daimler Chrysler 公司就将决策周期从几个月缩短到几天,减少了超额运输成本,将补货率增加了一个百分点,还节约了 1500 万美元的存货。看来,Daimler Chrysler 从 SCPM 中获得了竞争力的巨大提升。

根据引导案例,讨论下列问题。

1. Daimler Chrysler 公司为什么要进行 SCPM?
2. Daimler Chrysler 公司如何进行 SCPM? 分别取得哪些实效?
3. SCPM 是如何提高人、流程和系统的绩效的? 本案例给你什么启发?

(资料来源: 胡军. 供应链管理习题与案例[M]. 上海: 复旦大学出版社, 2006)

第一节 供应链绩效评价概述

一、供应链绩效评价的特点

俗话说"没有规矩，不成方圆"，这句话也同样适用于企业及其供应链。采用绩效评估的企业，更有可能成为所在行业里的领导者，成功处理重大变革的可能性是其他企业的两倍。企业需要推出一个完整而有意义的绩效评估体系来参与竞争，特别是在对整个供应链进行管理时更应如此。

各个公司的绩效评估体系有着本质区别，但很多公司的绩效评估都单一地注重成本和利润指标。财务指标固然重要，但企业还要认识到，片面依靠以成本为基础的绩效决策可能导致在以前所犯的错误上重蹈覆辙。即使像沃尔玛这样靠低价来吸引客户的公司，如果不能在客户需要的时候及时提供保证质量的产品，仅依靠成本绩效也是无法取胜的。在我国，淘宝网起初以低成本竞争获取了很多消费者的光顾，但京东商城推出诚信的品质和快速的物流服务之后，促使阿里巴巴公司推出天猫商城与之竞争，并不断改进天猫的物流速度来满足顾客对快速物流的需求。企业要取得世界一流的竞争地位，需要明白生产和采购客户需要的产品和服务，然后通过令客户满意的方式进行分销，最初可能会带来成本的增加，但长期会带来卓越的价值。因而企业在进行绩效评估时，除了考虑成本指标，还要增强质量意识，提高客户服务水平，并持续改善对这些运营的评估体系，帮助管理者加强有关意识。

在进行供应链管理时，将供应商和客户扩展到二级和三级，会让绩效评估的问题难上加难，绩效评估系统变得更加庞大，里面的关系和互动变得更广泛。最终产品的销售很大程度上依赖于供应链中核心企业的良好运营，因此，绩效评估对供应链中所有的参与方来说，必须是既清楚又便于交流。同时，供应链成员还要进行持续性的合作，才能达到对供应链所有成员都有利的结果。由于只有当一些供应链成员先期付出很高的成本时，供应链才能为终端客户提供其想要的东西，因而只有通过紧密合作、计划和利益的共享，才能设计出一个有效的、覆盖供应链各方利益的绩效评估体系。

二、实施供应链绩效评估的准备工作

供应链的最终目的是成功地把产品和服务传递给终端客户。传统上，供应链中的各个环节简单地把最终产品堆在零售货架上，放在仓库和厂房中，既缺少合作，也缺少对终端用户的关注。这一战略最终会导致库存成本和产品价格的大幅度增加，使公司最终失去竞争力。因此，公司必须投入精力和时间来详细了解终端客户和供应链中的各个伙伴，然后调节或提高供应链的效率来满足这些供应链伙伴和终端用户的需求。为获取完成这些任务的资源，高层管理者必须深入其中，并支持企业的改进努力。一个经过精心设计的绩效评估体系，无论是在单个供应链企业内部，还是在整个供应链中都应该得到执行，以便控制和增强这些企业和供应链的能力。用糟糕的供应链绩效评估体系来对公司及其员工进行评估，不但起不到作用，甚至有坏的影响，并最终导致供应链管理的努力功亏一篑。因而，在设计供应链绩效评估体系之前，需要展开如下三个方面的工作。

(一)了解终端用户需求

由于在目标客户群内部,用户需求间也存在一定差异,公司必须先对客户进行细分,然后根据用户需求和企业成本控制目标设计一个分销网络来满足这些客户的需求。换句话说,公司和供应链中的其他成员不应该采用一成不变的方法提供产品或运送手段,而是要仔细研究它们所服务的市场,根据各个层面的客户需求做出判断,如客户对产品多样性的需求、对运送数量和频率的需求、期望的服务质量、对产品价格的预期等。以德国汉高公司为例,公司在分析了家庭购买习惯与趋势后,通过对家用产品的设计、品牌宣传和营销手段来为像沃尔玛那样的零售客户带来更多的利润。公司使用小组座谈会、专家意见小组和消费者热线等方式来搜集客户意见,通过不断提高客户满意度建立起了品牌忠诚度,为自己的零售商带来了利润,也据此向自己的供应链伙伴推荐新产品。

(二)了解供应链伙伴的能力需求

公司在了解了终端客户的需求后,下一步该做的就是确定供应链怎样才能最好地满足客户的需求。供应链战略必须考虑成本、质量、数量和上述服务需求之间的平衡关系,比如供应链的响应性就影响了供应链的效率性,为了达到期望的响应性,供应链中的企业就必须在额外配送能力和运输速度上进行投资。与此类似,供应链的质量或可靠性,也可能需要供应链的参与者们进行设备更新,引入新技术,采购更高质量的物料和部件等。要增加供应链的效率性,则要求供应链伙伴在产品和运输能力上作出调整来降低成本,比如采用较慢的运输方式、增加采购和运输的批量、降低所采购部件的质量等。供应链中的各个企业最终需要客户将供应链的长期和短期需求结合起来。

(三)调整供应链成员的能力

供应链成员在了解了这些能力需求之后,就可以对自己及其他供应链伙伴就这些能力进行评估,判断这些成员做得好的方面是否和终端客户的需求一致,是否和供应链融为一体。对供应链成员的绩效目标定位非常关键,但供应链成员的能力和终端客户的需求进行匹配或调整是一项颇有难度的任务,尤其是当公司间的交流和合作水平不高,或者公司服务于多条供应链,而客户群又需要一系列不同的服务能力时,恰当的绩效目标设置既困难又非常必要。

由于客户的喜好和市场竞争态势都随时间而变化,供应链中的公司应该对自己的战略进行重新评估和设计来满足客户的需求并保持竞争性。例如,电子商务如今已经成为很多公司竞争战略中的一个重要部分,因而应该适时在绩效评估体系中增加对企业电子商务能力的评估指标和标准。因此,把供应链能力和终端客户需求进行匹配,意味着公司和自己供应链中的合作伙伴必须不停地对自己的绩效进行重新评估来关注这些需求变化,因而需要强调公司根据供应链中每个成员的绩效,以及供应链对其终端客户的绩效进行信息传递的能力。成功的供应链就是当客户需求改变的时候,能将成本质量和客户服务有机组合起来,并持续提供运作能力的供应链,任何一个方面出现薄弱之处,就会意味着供应链的所有成员失去竞争优势和利润。

三、构建供应链绩效评估体系的注意事项

世界上很多公司都试图通过建立并保持一种独特的竞争优势来缓解不断加剧的竞争压

力，因此，对于建立有效的连接公司战略和运营决策的绩效评估体系的需求也与日俱增。好的绩效评估体系并无固定的标准，因为这些评估体系会因行业、公司产品、公司战略及外部环境的不同而不同。但一般来说，①有效的绩效评估体系绩效标准必须易懂，易于执行和衡量，才能使公司的经营决策始终指向战略目标的达成。②绩效评价指标还必须具有灵活性，和公司的目标相一致。③那些绩效标准必须在对公司的成功至关重要的方面得到执行。因此，一个有效的绩效评估体系，应该包括对外报告用的传统财务信息，以及用来评估公司竞争力，并指导公司获得其他期望能力的战略层面的绩效标准。④一个良好的绩效评估体系，还必须包括评估"什么对客户来说是重要的"一些指标。

第二节　供应链绩效评估体系构建

一、绩效评估体系的设计步骤

设计一个有效的绩效评估体系，应该包括如下步骤。
(1) 明确公司的战略目标；
(2) 明确每个职能部门所扮演的角色，以及达到战略目标所应具备的能力；
(3) 确定有可能影响公司和各个时期的绩效的内部和外部趋势；
(4) 对于每个职能部门制定出可以展示其能力的绩效评估体系；
(5) 将现有绩效评估体系总结成文字，找到可以变革的地方；
(6) 确保所使用的绩效评估体系的一致性及其战略意图的实现；
(7) 执行新的绩效体系；
(8) 当竞争战略改变时，阶段性地对公司的绩效评估体系进行重新评估。

世界一流的公司，都会就不同种类产品的质量、成本、灵活性、可靠性和创新性在各个职能部门建立起有战略针对性的绩效标准，然后随着问题的解决、竞争或客户需求的改变，以及供应链和公司战略的改变，对这些评估体系进行重新评估。

用于供应链的绩效评估体系，必须有效地连接其供应链里的各个贸易伙伴，以便在满足终端客户方面达到突破性的绩效。不管在公司内还是公司间的层面来讨论世界一流绩效评估体系，评估体系都必须能够覆盖整个供应链，以确保每个公司都能为整个供应链战略做出贡献并让终端客户满意。在一个成功的供应链里，成员们都会一致认同该供应链的绩效评估体系，其关注点应该是为终端客户创造价值，因为客户的满意度决定着所有供应链成员的销售额。当真正开始实施时，供应链就开始朝着胜利进发了。

二、基于平衡计分卡的绩效评估体系设置

(一)平衡计分卡的特点及内容

多数公司目前所采用的绩效评估体系还是沿用了传统的以成本为基础的财务统计，这些统计结果以年度报告、资产负债表和损益表的形式提交出来，潜在投资者和股东们根据这些信息来制定股票买卖决策，很多公司还以此作为分红的依据。但是，财务报告和其他以成本为基础的绩效信息的不足之处是，并不能充分反映出潜藏在一个公司生产体系下的绩效状况，使绩效看起来比实际情况好很多。一个企业的成功有赖于其将内部的竞争力转

第十章 供应链绩效评价

换成客户所需要的产品和服务的能力,同时还要以合理的价格提供必要的能力、质量及客户服务水平。财务绩效的评估固然重要,但不能充分体现公司在这些财务统计数据以外的能力。从前面的分析可以了解到,对供应链运作状况的全面评价需要有很强的彼此相互支持的综合评价体系。卡普兰和诺顿所提出的平衡计分卡方法,就符合这种供应链绩效评价体系设置的要求。

卡普兰和诺顿在《哈佛商业评论》上发表了一系列关于平衡计分卡的文章,他们认为传统的财务指标只提供了业务绩效的较为狭隘而不完备的信息,业务绩效的评价依赖于短期的历史数据,而这些数据有时候又阻碍了未来商业价值的实现。因此,财务指标不能单独用来评价绩效,需要补充反映客户满意、内部业务流程以及学习成长性的评价内容。平衡计分卡分为四个方面,如图10-1所示。

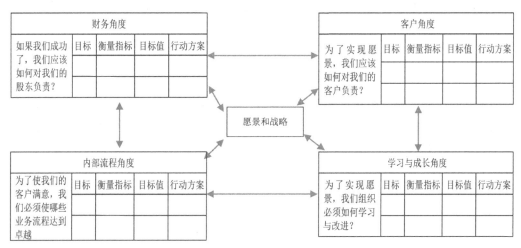

图 10-1 平衡计分卡的框架

平衡计分卡中的平衡的概念表现为在一系列指标间形成平衡,即短期目标和长期目标、财务指标和非财务指标、结果性指标和动因性指标、滞后性指标和领先性指标、内部绩效和外部绩效之间的平衡。平衡计分卡将管理的注意力从短期目标的实现转移到兼顾战略目标实现,从对结果的反馈思考转向对问题原因的实时分析。平衡计分卡代表了三个主要的利害相关的群体,即股东、客户和员工,确保组织从系统的角度看待战略的实施。

1. 客户角度

平衡计分卡的客户角度评价两类内容:一是顾客视角的企业表现,二是企业视角的顾客管理成本与贡献。因而,这个方面着重于对客户需求、满意度和忠诚度的评估,包括客户满意度评分、客户流失、获取新客户、客户的价值特征、客户的利润度以及生产份额等。

2. 财务角度

完美的财务指标是每个企业追求的目标,企业各个方面的改善,只是实现目标的手段,而不是目标本身。企业所有的改善都应通向财务目标。

3. 内部流程角度

内部流程角度着重于组织内部主要业务流程的绩效评估,包括质量、灵活性、流程的创新成分以及时间基准评估。内部流程角度是平衡计分卡与传统绩效评价方法的显著区别之一，传统绩效评价虽然加入了生产提前期、产品质量、回报率等评价指标，但是往往停留在单一部门绩效上，而局部绩效的改进不一定会改进企业的整体绩效，有时甚至损害系统的最优性。平衡计分卡从满足投资者和客户需要的角度出发，从价值链上针对业务总流程进行分析，回答如何经营才能满足或超越顾客的需求。

4. 学习与成长角度

学习与成长方面着重针对机构人员、系统和程序的评估，包括无形资产、员工的再培训、信息技术和系统的提高、员工的满意度等。这方面指标的改善为其他方面的绩效突破提供了手段。平衡计分卡实施的目的和优势之一，就是避免短期行为，强调未来投资的重要性，同时并不局限于传统的设备改造升级，更注重员工系统和业务流程的投资。学习与成长方面的指标注重分析满足需求的能力和现有能力的差距，将注意力集中在内部技能和能力上，这些差距将通过员工培训、技术改造、企业文化建设等手段得以弥补。

(二)供应链平衡计分卡的制定

制定平衡计分卡的过程从定义企业的战略开始。能理解公司的战略，并得到高层管理者的认同后，下一步就可以把这些战略目标转化为绩效评估体系。平衡计分卡中四个角度的每一方面都要求 4~7 项绩效评价指标，这样一张计分卡中对每个战略就有大约 20 项有关的评估(见表 10-1)。但是如果公司对自己所期望达到的目标不明确，没有意识到哪些是与公司推行的战略密切相关的关键指标，那么即便采用了平衡计分卡，仍然有可能失败。

公司在设定一个协作的供应链时，也可以采用平衡计分卡，把计分卡的内部参照系扩展到包括内部职能和供应链合作伙伴的职能。这样一来，公司的员工就有了明确的目标：致力于公司的绩效对整个供应链成功所做的贡献。例如，现金周转时间就是一个跨机构、跨职能的综合评估指标。把其他传统的以供应链为基础的评估体系添加到传统使用的、更注重内部评估的平衡计分卡中，有助于公司达到目标，同时对公司所在的供应链也有好处。

表 10-1 基于平衡计分卡的供应链评估

角 度	指 标
客户	(1)供应链上客户服务点的数量； (2)对客户订单的响应时间； (3)客户对供应链价值的认识
内部业务流程	(1)供应链里的增值时间/总时间； (2)选择数量订单处理周期
财务	(1)供应链中在采购、持有库存、质量不合格和配送失败上的成本； (2)供应链所达到的目标成本百分比； (3)固定资产周转率； (4)现金到现金的周转时间； (5)供应链资产的回报率
学习和成长	(1)从产品准备完备到交付给客户之间的时间； (2)共享数据的数量/总数据； (3)客户需求的替代科技的数量

(三)平衡计分卡实施的原则

平衡计分卡帮助那些采用平衡计分卡的公司聚焦公司战略,并把高层管理团队、业务单元、人力资源、信息技术、预算和资本投资与战略有效地协同起来。成功运用平衡计分卡的公司的经验表明,平衡计分卡的应用需要遵从以下五个通用的原则。

原则一:把战略转化为可操作的行动。

如果我们不能清晰地描述战略,就不能期望它被很好地执行。平衡计分卡提供了一个框架,帮助组织以统一有启发性的方式来描述和沟通战略。平衡计分卡通过量化的非财务指标,如时间周期、市场份额、创新满意度和能力,可以清晰地描述和衡量价值创造的过程,而不是主观臆断这一过程。客户服务方面的指标如客户价值定位描述了无形资产在什么样的情况下转变成有形的结果(如客户保留率、新产品和服务带来的收入及利润),通过将战略转化为具有逻辑结构的战略地图和计分卡,组织使所有的业务单元和员工达成了对战略的统一理解和共识。

原则二:使组织围绕战略协同化。

协同是组织设计的最高目标,组织尤其是供应链,是由很多机构业务单元和专业部门组成的,它们各自拥有自己的战略。为了使组织整体绩效超过组织内各个部门所产生的绩效总和,每一个单元的战略必须相互关联和协同。公司要确定产生合力的节点,并确保这些节点相互连接。然而,协同工作说起来容易做起来难,职能间的壁垒是阻碍组织实施战略的一个主要障碍。利用平衡计分卡,组织可以将人员、流程和战略结果联系起来,业务单元和综合服务部门通过共同的战略主题和目标,与公司战略紧密关联起来,根据战略主题和优先次序,在组织内各个分散的单元之间传递一定的信息,围绕战略主题协同工作。

原则三:让战略成为每一个人的日常工作。

一个战略的成功实施,不能只依靠首席执行官和高管团队,它需要组织中每一个员工的积极贡献。因此首先要所有的员工能够正确理解公司战略,将每一天的工作都围绕战略进行,这不是一个自上而下的指令,而是一个自上而下的沟通过程。通过全面调动各个级别员工的积极性,培养他们理解并掌握一些关键的战略要素,将平衡计分卡逐级分解到组织下属部门,并基于此来设定个人目标,这样战略和计分卡就得到了全面沟通,较低层级的个人和部门可以根据上一层级的工作重点设定他们自己的目标。这一过程会产生很多令人意想不到的惊喜,因为员工会站在更高的角度为公司考虑,从而发现他们在职能以外的某些领域也能做出贡献。此外,将激励薪酬和平衡计分卡挂钩,比如把业务单元和事业部计分卡作为奖励的基础,可以强调团队在执行战略过程中的重要性。这样一来,可以激发员工进一步学习与计分卡指标有关的各类知识和信息,让战略变成每一个人每天的工作。

原则四:使战略成为持续的流程。

成功运用平衡计分卡的公司,引入新的流程来管理战略,这个流程称为双循环流程。它将战术管理包括财务预算和月度总结会议与战略管理融合,形成一个无缝的持续流程。战略管理流程的实施需要关注三个重要主题。

首先,组织开始将战略和预算流程连接起来。平衡计分卡为评估潜在的投资回报和行动方案提供了衡量标准。其次,建立战略回顾会议制度。这种战略回顾会议通常每个月或每个季度召开一次,主要讨论公司的平衡计分卡,以便更多的经理能够对战略发表意见。

通过这种会议形式，新的力量被激发出来。当然，同时需要设计信息反馈系统来支持这一流程。最后，学习和适应战略的流程是不断完善的，最初设计的平衡计分卡只是对战略的一种假设，它们是对战略能够带来的长期财务成功最美好的设想。平衡计分卡的设计流程，有助于进一步明确战略假设的因果关系。随着平衡计分卡被应用于实践，并且有反馈系统开始报告战略的进展情况，组织就可以对战略假设进行检验。如果有新的情况发生，组织可以随时更新它们的战略重点和计分卡，而不用等到下一个预算周期再做调整。

原则五：高层领导推动变革。

前面四项原则讲的都是平衡计分卡的工具框架和支持流程。需要强调的是，战略的实施不仅仅需要流程和工具，更重要的是领导团队的积极推动与参与。战略实施需要持续的关注和聚焦组织的变革行动方案以及绩效与目标的差距，如果高层团队不积极参与到这一流程中，变革就不会发生，战略也不会得到执行，那么就会错失取得突破性绩效的机会。

第三节　SCOR 模型的供应链绩效评估方法

一、SCOR 模型简介

为了帮助企业实施供应链管理，以两个咨询公司——PRTM 和 AMR 为主，加上其他美国的几个领先的企业，组成了一个小组，并于 1996 年宣布成立了供应链理事会(Supply-Chain Council，SCC)。SCC 选择了一个参考模型，经过发展、试验、完善，于 1997 年发布了供应链参考模型(Supply-Chain Operations Reference-model，SCOR)。此后，SCOR 模型定期更新以适应供应链业务实践的变化。SCOR 是评估和比较供应链活动和绩效的有力工具。它抓住了供应链管理的共通之处，提供了一个统一的框架将业务流程、绩效评价、最佳实践和技术整合在一起，支持供应链合作伙伴之间的沟通，提高供应链管理及相关供应链改进活动的有效性。2014 年供应链委员会与 APICS(American Production and Inventory Control Society，原名美国生产与库存管理学会，现名美国运营管理协会)合并，之后 APICS 公司接管了 SCOR 的更新及相关管理工作。

SCOR 是一个流程参考模型。制作流程参考模型或业务流程框架的目的，是将流程与关键业务职能和目标一致起来，即用一个统一架构来描述流程是如何交互和执行的，流程是如何配置的，以及操作这些流程需要什么样的员工技能。因而，SCOR 参考模型包括以下四个主要部分。

- 绩效：描述流程绩效和定义战略目标的标准指标。
- 流程：管理流程和流程关系的标准描述。
- 实践：能够显著提高流程绩效的管理实践。
- 人员：执行供应链流程所需技能的标准定义。

二、SCOR 模型中的供应链流程

SCOR 模型把供应链的运作划分为六个流程——计划、采购、制造、配送、退货和使能流程，如图 10-2 所示。

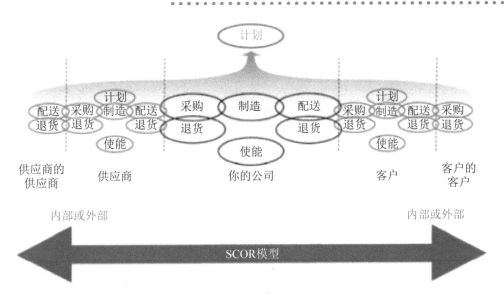

图 10-2　SCOR 模型

(1) 计划流程：所有使资源与需求匹配的业务流程，是供应链的策略部分。企业需要研制一套策略来管理所有资源，以期产品或服务能迎合顾客的需求。而规划的重点主要是发展出一套能监控供应链，使其更有效率、更节省成本，并能给予顾客更高品质与价值的产品与服务的指标。

(2) 采购流程：关于接收物料和产品的业务流程。选择能够让企业生产所需的产品或服务的供应商。企业与供应商共同发展出一套定价、运送及付款过程的机制，并建立能监控及改善彼此关系的指标。此外，还必须能够整体性地管理上游供应商送来的产品与服务的库存。

(3) 制造流程：用于生产制造或修理的业务流程，是指在制造阶段中详细列出生产、测试、包装与运送准备所需活动的时间表。这是整个供应链运作的过程中最能够用量化指标来衡量成果的部分，企业应针对品质水平、生产产出及员工生产力加以评量。

(4) 配送流程：外向物流有关的业务。对库存、按订单生产及按订单设计的产品的订单、仓储、运输和安装的管理，包括从订单的询价、报价到安排运输和选择承运商的所有订单步骤的管理；从产品接收、挑选到产品的出库、运输的仓储管理；对客户开具发票；管理成品库存和进口/出口需求。

(5) 退货流程：把采购的物料退还给供应商，以及接受客户对最终产品的退货，包括同意和安排退货；收货、查验、对次品或多余产品的处理；退货更换或担保；管理退货库存。

(6) 使能流程：包括管理信息技术与平台；设施管理工具与技术；支持规划、采购、制造、配送、退货有关的业务流程与资源。

SCOR 模型是一个层级结构模型。它提供了三个级别的标准化流程细节。在第一层，用户可以从 SCOR 结构工具箱的流程状况来描述它们的供应。在第二层里，SCOR 对第一层的流程类别进行了更细的表述，在每一流程类别里都有用户指定的流程种类。在第三层里，SCOR 通过流程的元素或是专门任务对第二层里的流程进行了定义，显示了输入、流程元素和输出。另外，针对流程图里的每个流程元素的绩效评估也给出了定义。在第三层以下还可以有第四、第五、第六等更详细的属于各企业所特有的流程描述层次，这些层次中的流程定义不包括在SCOR模型中。

三、SCOR模型中的供应链绩效评估体系

SCOR的绩效部分侧重于对供应链流程执行结果的测量与评估。SCOR对供应链绩效评估和诊断包括三个要素：性能特征、评价指标和流程/实践成熟度。

性能特征：通过对性能特征的描述，确认供应链的性能特征与供应链战略及其优先目标相一致，如表10-2所示。

表10-2 SCOR的性能特征

性能特征	性能特征的定义	第一层评价指标
可靠性	按希望执行任务的能力。可靠性关注一个流程输出的可预测性。典型指标为准时、恰当的质量、恰当的数量	完好订单履行率
响应性	任务执行的速度。考察一个供应链向消费者提供产品的速度。典型指标为流程时间	订单履行周期
柔性	供应链面对市场变化获得或保持竞争优势的灵活性	上调供应链灵活性 上调供应链适应性 下调供应链适应性
成本	供应链运营所消耗的成本	供应链管理总成本 主营业务成本
资产管理效率	有效使用资产的能力。供应链资产管理战略包括降低库存、内部或外部寻源	现金周转时间 供应链固定资产回报率 营运资本回报率

评价指标：一些离散的评价指标，但随着SCOR的层次逐级细分。

流程/实践成熟度：用一个参考工具来客观、具体地评估供应链流程和实践中如何整合和执行了最佳实践和标杆企业的做法。

可靠性、响应性和柔性突出以客户为中心的绩效。成本和资产管理效率关注企业内部流程。

四、SCOR模型中的供应链绩效评价指标

SCOR模型约包括386个指标，第一层绩效指标包括完好订单履行率、订单履行周期、上调供应链灵活性、上调供应链适应性、下调供应链适应性、供应链管理总成本、产品销售成本、现金周转时间、供应链固定资产回报率、营运资本回报率。所有SCOR的第一层指标都可以分解到第二层甚至第三层。表10-3展示了SCOR中第一层和第二层的绩效评价指标。

第十章 供应链绩效评价

表 10-3 SCOR 中的绩效评价指标

序号	第一层指标	第二层指标	第二层指标约束条件(举例)
1	完好订单履行率	①全额配送订单百分比 ②客户提交日期的配送绩效； ③完好条件； ④文件准确性	
2	订单履行周期	①采购周期； ②制造周期； ③配送周期	
3	上调供应链灵活性	①上调采购灵活性； ②上调制造灵活性； ③上调配送灵活性； ④上调采购退货灵活性； ⑤上调配送退货灵活性	上调采购灵活性约束条件包括：a.当前采购量；b.生产力，如平均采购订单；c.当前资本要求；d.当前库存(原材料、采购的成品)；e.当前采购和供应商限制；f.当前订单周期；g.额外采购量；h.采购人员有效性；i.招聘或雇佣或培训额外员工所需的时间；j.资本有效性；k.获得额外资本所需的时间；l.额外需求采购(也属于来自供应商的限制)；m.为完成额外订单增加库存所需的时间(原材料、采购的成品)；n.实现和保持当前订单周期所需的时间
4	上调供应链适应性	①上调采购适应性； ②上调制造适应性； ③上调配送适应性； ④上调采购退货适应性； ⑤上调配送退货适应性	上调采购适应性的约束条件包括：a.当前采购量；b.生产力，如当时当量的采购订单量；c.当前资本需求量；d.当前在手库存量(原料、购进的成品)；e.当前采购或供应商约束条件；f.当前采购订单周期；g.近 30 天内获得的追加采购量；h.采购员可供性；i.近 30 天内追加招聘或录用或培训的人员数；j.资本可供性；k.追加需求的采购—供应商约束条件，l.近 30 天内获得的追加资本量；m.近 30 天内获得的存量(原料购进的成品)；n.近 30 天内重新设定并维持的采购订单周期
5	下调供应链适应性	①下调采购适应性； ②下调制造适应性； ③下调配送适应性	下调采购适应性的约束条件包括：a.当前采购量；b.生产力，如当时当量的采购订单量；c.当前资本需求量；d.当前在手库存量(原料、购进的成品)；e.当前采购或供应商约束条件；f.当前采购订单周期；g.近 30 天内实现的削减采购量；h.采购员可供性；i.近 30 天内可解雇的人员数；j.资本可供性；k.当前资本需求量(会计政策)；l.需求的采购—供应商约束条件；m.近 30 天内实现消减的库存量(原料、购进的成品)；n.近 30 天内重新设定并维持的采购订单周期

续表

序号	第一层指标	第二层指标	第二层指标约束条件(举例)
6	供应链管理总成本	①供应链管理总成本；②主营业务成本；③现金周转时间；④供应链固定资产回报率；⑤营运资本回报率	
7	产品销售成本	①直接材料成本；②生产间接成本；③直接人工成本	
8	现金周转时间	①应收账款周转天数；②应付账款周转天数；③库存供应周转天数	
9	供应链固定资产回报率	①供应链收益；②产品销售成本；③供应链管理总成本；④供应链固定资产	
10	营运资本回报率	①应收账款(销售款项)；②应付账款(应付款项)；③库存；④供应链管理成本；⑤供应链收益；⑥产品销售成本	

显然，由于 SCOR 模型提供的供应链绩效评价指标过于繁杂，因而企业在建设自己的绩效评价指标体系时，需要根据企业的战略及战略重点选择少量的、与企业目标相关性强的指标。

本 章 小 结

在当今竞争激烈变幻莫测的市场里，对供应链及其成员的绩效评估，对发现供应链管理中潜存的问题，改善或保持消费者的满意度至关重要。绩效评估体系选择不当，企业内部和供应链企业就很难达成目标的一致性，很难达到战略目标。良好的评估体系可以把企业上下、企业内外部资源、流程和目标协调起来，不仅可以驱动绩效，还可以把一条普通的供应链变成一条使供应链成员都获利的世界一流的供应链。

基于供应链绩效评估的特点，本章介绍了平衡计分卡理论，以便实现供应链绩效评估体系在财务和非财务、定量和定性、成本导向和客户导向等多个评估体系之间的平衡，将公司的活动与战略统一在一起,将供应链成员的运营与供应链的战略绩效目标关联起来。本章还介绍了 SCOR 模型,该模型对供应链结构进行了细致的分解并给出了详尽的供应链绩效考核指标,对于构建企业独特的供应链绩效评估体系有很好的参考价值。

复习思考题

1. 如何建立供应链企业的绩效评价指标体系?绩效评价指标应该具有哪些特点?
2. 举例说明供应链绩效评价可以采用哪些基本方法。
3. 如何将企业内部绩效评价体系与供应链绩效目标统一起来?
4. 描述平衡计分卡的基本原理。
5. 分析如何从 SCOR 模型繁多的评价指标体系当中挑选出适合企业的评价指标。

【讨论案例】

开心果旅游礼品公司

张成是开心果旅游礼品公司的 CEO,他刚刚召开了开心果董事会的月度订购会议。张成脑中想着当地的一位企业家和董事会成员,他看上去很累,很不愉快。开心果旅游礼品公司度过了一个令人沮丧的月份,这在月度财务报告和张成的月度活动清单中可以看出来。

公司背景

开心果旅游礼品公司位于河南省郑州市。公司在五年前由一群拥有当地企业或在当地企业中拥有管理职位的人创立。董事会成员都是企业的合伙人,合伙人在张成的领导下,从某 S 公司购买了一座建筑物(12 000 平方米)和很多土地(32.6 亩)。这座建筑开始是作为 S 公司的制造工厂使用。合伙人买下这座建筑物的目的是将它作为配送设施使用,向华中地区的用户提供物流服务。鉴于其天花板的高度,这一建筑物并不适合储存,合伙人相信它在物流方面具有多种用途,包括重新包装、订单履行、回收物流等。

目前面临的困境是工厂完全被众多托盘的土特产塞满了,这些土特产来自当地一家麻花制造商。事实上,最初对可用存储面积的预计(除去走廊、办公室和休息室等)是 99 500 平方米。然而,公司的 COO 不断地进行争取,最后使用面积到达 110 000 平方米。

董事会会议

看了使用率后,董事会成员王杰向张成问了一些关于他们目前情况的一些额外问题。他的问题是这样开始的:"我想我们希望将设施装满,我们也正在这样做,这样我们将会盈利。当我看到 110 000 平方米的利用率时,我觉得这是一个最好的绩效衡量标准,我非常高兴,但你却告诉我们这是一个问题。根据这一衡量标准,我无法理解我们目前的财务状况。"

张成感慨道:"王杰,我倒真希望是那么简单。我开始意识到我们评价平方米利用率的基础衡量指标太过狭隘了。就我们目前的情况而言,即使我们使用更多的地方,哪怕超出我们认为可以使用的地方,我们还是不可能达到收支平衡。当设施装满时,没有东西进出,我们就陷入麻烦中了。我们需要改变我们的衡量标准,并将它同新的评价策略结合起来。"

〖问题讨论与思考〗

1. 根据本章所学理论，描述开心果旅游礼品公司问题的本质。

2. 为了增强开心果旅游礼品公司的评价策略，你将向开心果旅游礼品公司推荐使用什么样的衡量标准？为你的建议提供依据。

第十章 供应链绩效评价：
SCOR 模型基本内涵.mp4

第十一章　供应链管理方法

学习要点及目标

1. 掌握延迟的概念及形式、延迟制造的思想与实施条件。
2. 了解 QR 产生的背景，掌握 QR 的定义、内涵及实施步骤。
3. 掌握 ECR 的内涵和特征，掌握 ECR 的实施原则、ECR 系统的构建。
4. 掌握协同规划、预测和连续补货(CPFR)的本质特点。

核心概念

延迟制造　　快速反应　　有效客户反应　　协同规划　　预测和连续补货

【引导案例】

延迟制造——戴尔即时顾客化定制的核心策略

戴尔公司自从 1984 年创办以来，营业额每年保持两位数的高速增长。直销虽然是戴尔公司获取竞争优势不可缺少的一环，但是它只是强调了戴尔和客户接触的一面，而延迟制造则是其利润得以增加的重要原因。

戴尔公司作为一家计算机生产和销售企业，处于计算机行业这样一个高科技行业，想获得长足发展就必须了解该行业的特点。首先，计算机行业的发展已经相当成熟，但是技术上并没有完全定型，甚至更新换代速度相当迅速。面对如此迅速的更新速度，要求企业必须使库存保持较低的水平，减少原材料库存过时带来的减值风险。其次，计算机行业有一套国际通用的标准，使得标准化的零部件制造过程和最终装配过程得以相互分离，商家可以充分利用全球不同区域所具有的制造资源的优势，加以整合。即由在世界各地的各个不同的公司生产各种零部件，然后在靠近销售地的地方进行即时客户化定制。最后，信息技术的飞速发展，使得计算机销售和与顾客的交流、沟通变得快速而简洁，特别是电子商务(B2B、B2C)和通信技术的发展，消除了企业与顾客以及与供应商之间在时间和空间上的距离。

针对以上特点，戴尔公司运用延迟制造策略充分发挥了其即时化定制的优势。延迟制造要求企业进行最终装配的产品由标准化、模块化的零部件组成，顾客个性化的需要可以通过对标准化部件的组合装配以及附加其他的个性化模块或服务得以实现。戴尔公司没有在零部件标准化上投入太多的精力，而将这些工作交由如英特尔等硬件生产厂家来完成。戴尔公司把工作关键点放在处理其与众多供应商之间的关系上，在这一点上，戴尔公司减少了供应商的数量，其 95%的零部件及原材料由 50 家供应商提供，其中 75%来自 30 家最大的供应商，另外 20%来自规模略小的 20 家供应商。同时，戴尔公司采用"供应商库存在制造工厂集中管理"的方法，在自己的组装厂附近建立了一个相当大的仓库，并要求所有供应商在这个仓库中建立自己的库存，戴尔公司和所有的供应商一起更快、更准确地分享需求和生产信息，从而帮助供应商更好地计划他们的生产和库存。延迟制造使戴尔公司减少了库存，使得其库存周转时间变成了业界少有的 7 天，这大大加快了资金周转速度，减少了库存成本和原材料贬值的损失。延迟制造使戴尔公司能够在接到顾客订单以后进行最终的个性化装配，促使戴尔公司即时了解顾客需求和潜在需求，以及将顾客需求快速转变成产品和最终零部件，并将这些需求信息通过 Internet/Extranet 提供给供应商们共享，以实现即时采购和组装。为了更准确地了解顾客需求和提供更好的服务，戴尔公司对市场进行了细分，细分市场包括大公司，中等大小的公司，政府、教育和医疗机构，以及小客户。戴尔公司认为对顾客信息的掌握是其战胜竞争对手的关键。

延迟制造作为一种生产运作管理策略，应用得越来越广泛，其思路虽然简单，但是在实际的实施过程中需要整合本企业以及供应链上各个企业的资源和能力，充分了解顾客的需求信息，并使之达到最大程度的共享。

(资料来源：王平该，陈荣秋. 延迟制造——戴尔即时顾客化定制的核心策略，科技管理研究，2004)

第一节 延迟策略

一、延迟策略的含义

延迟(Postponement)的概念其实早就出现了，直到最近，延迟战略在物流运作中才得到真正的运用。所谓供应链管理的延迟策略，是指尽量延迟产品的生产和最终产品的组装时间，也就是尽量延长产品的一般性，推迟其个性化的时间。这种技术基于这样一个事实：一般情况下，随着预测点与需求发生点在时间上的接近，对需求量的预测就会越准确。这是因为随着时间的推移，我们可以获得更多关于实际需求的信息，从而降低不确定性，提高预测精度，减少不必要的库存积压或缺货。

延迟策略也可以减少物流预测的风险。在传统物流的运作安排中，运输和储存是通过对未来业务量的预测来进行的，如果将产品的最后制造和配送延迟到收到客户订单后再进行，那么，由于预测风险带来的库存就可以减少或消除。在用户需求多样化的今天，如果想满足用户的需求，就必须采用产品多样化策略。但是产品多样化必然带来库存的增加。在过去的物流管理系统中，分销中心的任务是仓储和分销。当增加产品品种时，库存也随之增加，这对企业来说是一笔很大的投资，相应的成本增加可能会削弱产品多样化策略的优势。为此，人们提出了延迟策略。在延迟策略中，地区性顾客化产品是到达用户所在地之后以模块化方式组装的，分销中心没有必要储备所有的最终产品，只储备产品的通用组件，库存成本大为降低。这样一来，分销中心的功能也发生了改变。为实现延迟策略，物流系统中的运输方式也必须跟着发生变化，如采用比较有代表性的通过式(Cross Docking)运输方式。通过式运输是指不将仓库或分销中心接到的货物作为存货，而是为紧接着的下一次货物发送做准备。

二、延迟策略的形式

下面介绍两种主要的延迟策略。

1. 生产延迟

全球化的竞争迫切要求企业具有能增加灵活性而保持成本及质量不变的新的生产技术。灵活生产的思想是由重视客户的反应引起的。以反应为基础的生产能力将重点放在适应客户要求的灵活性上。生产延迟主张根据订单安排生产产品，在获知客户的精确要求和购买意向之前，不做任何准备工作(如采购部件)。按照订单生产的想法并不是新的，其新颖之处在于灵活的生产能够取得这种反应而不牺牲效率。如能做到按市场要求进行灵活生产，企业将可以摆脱对销售预测的依赖。

在现实情况中，批量生产的经济性是不能忽视的，挑战在于采购、生产及物流之间的定量交换成本，预测生产和由于引入柔性程序而失去规模经济之间的成本和风险的利益互换。生产批量要求流水线结构以及相关的采购模式与之相配，因此还要考虑采购成本、设备投资等因素。在传统的职能管理中，生产计划用来实现最低的单位生产成本。从综合的角度看，供应链的目的是以最低总成本达到客户期望的满意度，这就要求生产延迟以促进整个供应链更有效率。

生产延迟的目标在于尽量使产品保持中性及非委托状态，理想的延迟是制造相当数量的标准产品或基础产品以实现规模化经济，而将最后的特点，如颜色等推迟到收到客户的订单以后。

在延迟生产中，物流费用的节约来源于以标准产品或基础产品去适应广大不同客户的独特需要。它具有服务许多不同客户的潜力。

这类生产延迟的例子在保留大批量生产的规模经济效益的同时，减少了存货数量。生产延迟的影响有两方面。首先，销售预测不同的产品的种类可以减少，因此，物流故障的风险较低。其次，更为重要的影响是，更多地使用物流设施和渠道关系来进行简单生产和最后的集中组装。在某种程度上，非常专门化的或者高度限制的规模经济并不存在于制造生产中，产品的客户化也许最好在最接近客户终点市场的地方被授权和完成。在某一些行业，传统物流库存的使命正在迅速地被改变，以适应生产延迟。

2. 物流延迟

在许多方面，物流延迟和生产延迟恰好相反。物流延迟的基本观念是在一个或多个战略地点对全部货品进行预估，而将进一步库存部署延迟到收到客户的订单时进行。一旦物流程序被启动，所有的努力都将被用来尽快地将产品直接向客户方向移动。在这种概念上，配送的预估性质就被彻底地删除，而同时保留了大生产的规模经济。

许多物流延迟的应用包括服务供给部分，关键的与高成本的部件保存在中央库存内以确保所有潜在用户的使用。当某一种部件的需求发生时，订单通过电子通信传送到中央库存系统，使用快速、可靠的运输直接装运到服务设施中。结果是以较少的总体库存投资改进了服务。

物流延迟的潜力随着加工和传送能力的增长、精确快速的订单发送而得到提高。物流延迟以快速的订单和发送替代在当地市场仓库里预估库存的部署，与生产延迟不同，系统利用物流延迟，在保持完全的生产规模经济的同时，使用直接装运的能力来满足客户要求。

生产及物流延迟都降低了因预测带来的风险，但两者的方式不同。生产延迟集中于产品，在物流系统中移动无差别部件并根据客户在发送时间前的特殊要求修改。物流延迟集中于时间，在中央地区储存不同产品，当收到客户订单时做出快速反应。集中库存减少了为用来满足所有市场区域高水平使用而要求的存货数量。采用哪种形式的延迟，取决于生产的数量、价值、竞争主动性、规模经济，以及客户期望的发送速度和一致性。在某些情况下，两种不同类型的延迟能够结合进一个物流战略中，两种形式一起代表着对于传统预测的有力挑战，如图11-1所示。

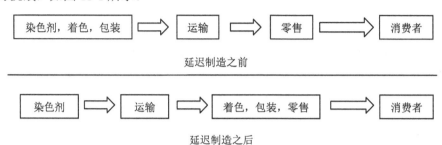

图 11-1　延迟制造

另外，还有一些延迟策略，如形式延迟策略和完全延迟策略。形式延迟策略：改变产品的基本结构，重新设计某些零件或流程，使其标准化和简单化(也就是在使用时具有共性)，以简化存货管理，使产品具有一致性、规模性的特点。完全延迟策略：对于单一顾客特殊需求的订单，直接由零售店传送到生产工厂执行，并直接运送给顾客或零售商。顾客的订购点已移至生产流程的阶段，生产和物流活动完全由订单驱动。

三、实现延迟策略的条件

为了实现延迟策略，需要具备以下几个条件。

(1) 零部件标准化。这是指将产品的零部件标准化，产品生产时得以使用共同的零部件。其优点是：降低生产系统的复杂程度，增加在制品库存的弹性并改善顾客的服务水平。

(2) 模块化设计。这是指将产品分成几个子模块，使其可以容易地组装在一起，这使得制造商可以延迟特定产品的组装，进而达到产品差异点的延迟。

(3) 流程再造。这是指将产品的所有制造流程分解成共同流程与差异化流程两部分，并将差异化流程延迟至下游的分销点。

延迟策略在戴尔公司、松下电器、福特汽车公司、惠普公司和耐克公司等企业得到了广泛的应用。例如，惠普公司在台式打印机的供应链管理中，实施延迟策略，将台式打印机的最后组装延迟至各地的分销中心进行，取得了显著的效益。其安全库存周期减少为5周，从而减少了库存总投资的18%，仅这一项改进便可以每年节省3000万美元的存储费用。由于惠普公司通用打印机的价格低于同类客户化产品，因此又进一步节省了运输、关税等费用。除了降低成本，客户化延迟使得产品在企业内的生命周期缩短，从而对不准确的需求预测或是外界的需求变化都具有很好的适应性。一旦发现决策错误，可以在不影响顾客利益的情况下，以较小的损失较快地进行纠正。

第十一章　供应链管理方法

第二节　快速反应

快速反应(QR)是供应链管理的主要方法之一，它并不单纯是某种技术，而是一种全新的业务方式，是一种由技术支持的业务管理思想，即在供应链管理过程中，为了实现共同的目标，在两个或多个环节之间进行的紧密合作。这种合作的实施将会取得巨大的成功，如增加销售额、加快库存周转等，尤其重要的是，可以降低成本，提高企业的规模效益与核心竞争力。

一、QR 出现的背景

美国的纤维纺织行业自 20 世纪 70 年代后半期，出现了大幅度萎缩的趋势。造成这种状况的主要原因是当时美国的纺织品进口大幅度上升。到 20 世纪 80 年代初，进口产品几乎占据了美国纺织品市场的 40%。美国的纺织业为挽回这种产业下滑的颓势，提高生产效率，一方面加大设备投资，另一方面也在积极争取美国政府对进口纺织品的限制。然而，尽管如此，美国国产纺织品萎缩的情况仍然没能改变，市场份额不断缩小。在这种状况下，1984 年美国 84 家大型企业结成了"爱国货运动协会"，该协会在积极宣传美国国产纺织品的同时，委托克特·萨尔蒙公司调查、研究提升美国纺织业竞争力的方法。最后，克特·萨尔蒙公司的研究报告表明，美国纺织业的主要问题是，尽管在整个产业链的某些环节存在着生产效率比较高的现象，但是整个产业链或供应链的效率却非常低。鉴于这种状况，报告提出通过信息的共享以及生产商与零售商之间的合作，确立起能对消费者的需求迅速响应的 QR 体制。在克特·萨尔蒙公司的倡导下，从 1985 年开始，美国纺织业开始大规模开展 QR 运动，正式掀起了供应链构建的高潮。

QR 体系主要是由零售商、服装生产商和纤维生产商三方组成。当时，在美国积极推动 QR 的零售商主要有三家，即迪拉德百货店、J.C.朋尼公司和沃尔玛，其中，沃尔玛是推行 QR 的先驱。在纺织品领域，沃尔玛与休闲服装生产商塞米诺尔和面料生产商米尼肯公司结成了供应链管理体系。该 QR 体系的形成起到了良好的作用，大大提高了参与各方的经营绩效，有力地提升了相关产品的竞争力，起到了良好的带动和示范作用。更为重要的是，沃尔玛通过自身的 QR 实践，大大推动了供应链管理中各种运作体系的标准化，倡导建立了 VICS 委员会(Voluntary Inter-Industry Communications Standards Committee)，并制定了行业统一的 EDI 标准和商品识别标准，即 EDI 的 ANSIX.12 标准和 UPC 商品条码。除此之外，1983 年沃尔玛导入了销售时点系统(Point of Sales，POS)，并且由于当时采用了 UPC 条码，所以在整个行业最早实现了产业链中的信息共享。到 1988 年，沃尔玛已与其他 7 家合作企业实现了 POS 系统的全店导入，所有这些都使得沃尔玛成为 QR 的主导者。

从沃尔玛开展 QR 的背景来看，尽管早在 20 世纪 80 年代初就进行了供应链管理方面的实践，而真正对它全面开展供应链管理并产生巨大推动力的仍然是美国的国货运动。在沃尔玛总部所在地的阿肯色州、南卡罗来纳州和北卡罗来纳州等美国南部诸州，美国本土的服装生产商聚集较多。20世纪80年代初，由于海外纺织品的冲击，美国大型零售商开始转向海外订货，从而造成这些本地企业出现萎缩，出现地域产业的空洞化现象。针对这种状况，当时阿肯色州的州长、后来的美国总统克林顿积极奔走于美国大型零售商之间，呼吁它们加大从美国本土企业进货。以此为契机，沃尔玛于1985年发动并参与了国货运动，涉及的商品以服装产品为中心延伸到其他小商品。到1989年，由于国货运动的开展和供应链体系的构建，美国本土企业的销售回升了17亿美元。正是由于沃尔玛的先驱性活动，不仅使美国服装产业的恶劣环境得到改善，削减了贸易赤字，而且也大大推动了QR在美国的发展，并形成了高潮，成为现代企业管理变革的主要趋势之一。

二、QR的定义及内涵

QR是产生于美国纺织服装行业的一种典型的供应链上下游企业合作的供应链管理策略，目的在于减少产品在整个供应链上完成业务流程的时间，尽可能减少库存，最大限度地提高供应链管理的运作效率。美国纺织服装联合会为其下的定义是：快速反应是一种响应状态，即能够在合适的时间向客户提供合适的数量、合适的价格和高质量的产品，而且在这一过程中能充分利用各种资源并减少库存，重点在于增强企业生产的灵活性。

《中华人民共和国国家标准：物流术语(修订版)》中对快速反应的定义是：供应链成员企业之间建立战略合作伙伴关系，利用EDI等信息技术进行信息交换与信息共享，用高频率小数量配送方式补充商品，以实现缩短交货周期、减少库存、提高顾客服务水平和企业竞争力为目的的一种供应链管理策略。

从字面上看，"快速反应"会使人们想到"更快地做事"，从某种意义上讲，这是正确的，但其最重要的作用是，在降低供应链总库存和总成本的同时提高销售额。所以，成功的"快速反应"伙伴关系将提高供应链上所有伙伴的获利能力。

快速反应战略所贯彻的哲理是：为了快速响应顾客的需求，供应商、制造商和分销商应该紧密合作，通过共享信息来共同预测未来的需求并且持续监测需求的变化以获得新的机会。

要准确理解快速反应的内涵，必须把握以下五个方面。

(1) 快速反应是一种战略，要求企业以快速满足动态的市场和客户需求为目的，以追求企业运作所有方面提前期的减少为核心。

(2) 快速反应强调的不仅仅是供应链上各环节供应商、制造商及分销商反应速度的提高，而是供应链整体反应速度的提高。

(3) 快速反应不仅关注时间的减少，同时还注重产品质量的改进、库存成本和运作成本的降低以及快速、高质量的业务流程。

(4) 快速反应强调系统的响应速度和柔性，以满足不同客户在品种、数量、时间方面的不同要求。

(5) 快速反应可以通过管理变革和先进技术的应用并依托快速的信息传递以及信息和利益的共享集成企业及其供应链伙伴为一互动网络来实现。

三、QR 的实施步骤

实施快速反应需要六个步骤，每一个步骤都需要以前一个步骤为基础，并比前一个步骤有更高的回报，但同时也需要更高的投资。

(一)运用条形码和 EDI

零售商首先必须安装条形码(UPC 码)、POS 扫描和 EDI 等技术设备，以加快 POS 机收款速度，获得更准确的销售数据并使信息沟通更加流畅。

通用产品代码(UPC)是行业标准的 12 位条形码，用作产品识别。正确的 UPC 产品标志对 POS 端的顾客服务和有效的操作是至关重要的。扫描条形码可以快速准确地检查价格并记录交易。POS 扫描用于数据输入和数据采集，即在收款检查时用光学方式阅读条形码，然后将条形码转换成相应的商品代码。

EDI 是在计算机间交换商业单证，并遵从一定的标准，EDI 要求企业将其业务单证转换成行业标准格式，并传输到某个增值网(VAN)，贸易伙伴在 VAN 上接收到这些单证，然后将其从标准格式转换为自己系统识别的格式。可传输的单证包括订单、发票、订单确认、销售和存货数据及事先运输通知等。快速反应要求厂商和零售商完成本阶段的 EDI，因此他们必须重新设计业务流程，以支持全面实现 EDI 后带来的角色和责任的变化。

通过实施 EDI 以及将 EDI 系统同厂商和零售商现有的内部系统集成起来，可以有效地加快信息流的速度，并提高通信数据的准确性，使贸易伙伴之间及时顺利地进行信息沟通。

(二)建立固定周期自动补货系统

某些基本商品每年的销售模式实际上都是一样的，一般不会受流行趋势的影响。这些商品的销售量是可以预测的，因而补货周期也可以是固定的。为满足零售商多次、重复的订货要求，能够更快、更频繁地获得新订购的商品，以保证店铺不缺货，供应商可以根据目前的状况建立固定周期的自动补货系统。

自动补货是指基本商品销售预测的自动化，由供应商和零售商使用基于过去和目前销售数据及在其可能变化的基础上利用软件进行定期预测，同时考虑目前的存货情况和其他一些因素，以确定订货数量，在仓库或店内自行补货以保证销售的连续性。通过对商品实施快速反应，合作伙伴间能够保证所需商品敞开供应，从而使零售商的商品周转速度更快，消费者可以选择的品种更多。

(三)建立先进的预测和补货联盟

为了保证补货业务的流畅，零售商和消费品制造商联合起来检查销售数据，制订关于未来需求的计划和预测，在保证有货和减少缺货的情况下降低库存水平；还可以进一步由制造商管理零售商的存货和补货，以加快库存周转速度，从而提高投资毛利率。

(四)进行零售空间管理

根据每个店铺的需求模式来规定其经营商品的品种和补货业务。一般来说，对于品种、数量、店内陈列和培训或激励售货员等决策，制造商也可以参与甚至制定决策。

(五)联合开发产品

这一步的重点不再是一般商品和季节商品,而是服装等生命周期很短的商品。厂商和零售商联合开发新产品,其关系的密切程度超过了购买与销售的业务关系,可缩短从新产品概念到新产品上市的时间,而且经常在店内对新产品进行试销,可准确把握消费动态,根据消费者的需要及时调整产品的设计和生产。

(六)快速反应的集成

以消费者为中心,零售商和制造商重新设计其整个组织、业绩评估系统、业务流程和信息系统,通过重新设计业务流程,将前五步的工作和企业的整体业务集成起来,以支持供应链的整体战略。通过集成的信息技术使零售商和制造商密切合作,加快完成产品从设计、生产、补货、采购到销售的整个业务流程。

四、QR成功实施的条件

现代化的信息技术为快速反应的实施提供了技术保障,但仅有技术上的支持是不够的。要想使快速反应成功实施还必须具备其他一些条件,这些条件主要包括以下几点。

(一)改变传统的经营方式,改革企业的经营意识

要成功实施快速反应,企业必须树立与供应链各方合作的思想,明确垂直型快速反应系统内各个企业之间的分工协作范围和形式,消除重复作业,建立有效的分工协作框架,保证整个供应链的协调行动,共同利用各方资源。由于零售商是垂直型快速反应系统中的起点,也是终点,因此应明确零售店铺在垂直型快速反应系统中的主导作用,通过零售店铺POS数据等销售信息和成本信息的相互公开与交换,来提高各个企业的经营效率。

(二)开发应用现代信息处理技术

这是成功进行 QR 活动的前提条件。这些信息技术有商品条形码技术、物流条形码(Shipping Carton Marking,SCM)技术、电子订货系统(Electronic Order System,EOS)、POS数据读取系统、EDI系统、预先发货通知(Advanced Shipping Notice,ASN)技术、电子资金支付(Electronic Funds Transfer,EFT)系统、供应商管理库存(Vendor Managed Inventory,VMI)、连续补充计划(Continuous Replenishment Program,CRP)等。

(三)与供应链相关方建立战略伙伴关系

积极寻找和发现战略合作伙伴关系。在共同的战略目标基础上,与合作伙伴分工协作,尽可能减少作业人员和简化事务性作业,将销售信息、库存信息、生产信息和成本信息等与合作伙伴交流分享,与合作伙伴一起发现问题、分析问题和解决问题。

(四)供应方必须缩短生产周期,降低商品库存

缩短商品的生产周期,进行多品种少批量生产和多频度小数量配送,降低零售商的库存水平,提高顾客服务水平,在商品实际需要将要发生时采用JIT生产方式组织生产,减少供应商自身的库存水平。

五、成功实施 QR 获得的好处

(一) QR 为供应商带来的好处

1. 增加市场份额

实施快速反应,厂商可以及时从销售商那里直接得到市场需求信息,根据客户需要及时设计、生产出适销对路的产品,并与物流企业等合作伙伴密切合作,及时将产品送抵目的地。零售商可以率先将热门产品推向市场,从而扩大销售,增加市场份额。

2. 降低库存

通过实施快速反应,产品供应商对客户消费的预测更加准确,可以及时调整生产计划。同时,由于原材料供应商及时得到信息,并与产品供应商建立合作伙伴关系,这样产品供应商可以以较低的原材料库存,保证持续性的生产过程,而由于产品适销对路,供应商的产品库存将大幅度降低。

3. 降低管理费用

标准化信息和计算机处理提高了采购订单的准确率,减少了无效的采购和发货,因而也降低了企业管理费用。

4. 生产计划准确

由于可以对销售进行预测并能够得到准确的销售信息,厂商可以准确地安排生产计划。

(二) QR 为零售商带来的好处

1. 提高服务质量

条形码和 POS 扫描使零售商能够跟踪各种商品的销售和库存情况,这样零售商就能够准确地跟踪存货情况,在库存真正降低时才订货,由此缩短订货周期,并且实施自动补货系统后,可以使用库存模型来确定什么情况下需要采购,由此保证在顾客需要商品时可以得到现货。

2. 减少削价的损失

由于拥有了更准确的顾客需求信息,可把握畅销商品和滞销商品,同时店铺可以小批量多频率地订购顾客需要的商品,需求预测误差可减少 10% 左右,这样就减少了因产品积压而被迫削价的损失。

3. 降低流通费用

厂商使用物流条形码标签后,零售商可以扫描这个标签,这样就减少了手工检查到货所发生的成本。另外,厂商发来的预先发货通知可使配送中心在货物到达前有效地调度人员和库存空间,利用物流条形码标签支持商品的直接出货,即配送中心收到货物后不需要检查,可立即将货物送到零售商的店铺,而且不需进行异常情况处理,因为零售商准确掌握了厂商发货信息。这种无缝流程大大缩短了物流时间,降低了流通成本。

4. 加快库存周转

零售商能够根据顾客的需要频繁小批订货，随时随地补充库存，加快库存的周转，也降低了库存投资和相应的运输成本。

5. 降低采购成本

商品采购成本是企业完成采购职能时发生的费用，这些职能包括订单准备、订单创建、订单发送及订单跟踪等。实施快速反应后，上述业务流程大大简化了，采购成本降低了。

6. 降低管理成本

管理成本包括接收发票、发票输入和发票例外处理时所发生的费用，由于采用了电子发票及预先发货通知，管理费用大幅度降低了。

总之，采用了快速反应的方法后，虽然单位商品的采购成本会增加，但通过频繁的小批量采购商品，顾客服务就会提高，零售商就更能适应市场的变化，同时其他成本也会降低，如库存成本和清仓削价成本等，最终提高了利润。

第三节　有效客户反应

有效客户反应(ECR)也称为高效客户反应或有效客户响应，它是从美国食品杂货业发展起来的一种供应链管理策略，是零售企业为满足客户需求的解决方案和核心技术，是流通供应链上各个企业通过建立业务伙伴，紧密合作，在了解消费者需求的基础上形成的以消费者需求为基础和具有快速反应能力的系统。有效客户反应以提高消费者价值、提高整个供应链的运作效率、降低系统的成本为目标，强调整体供应链的合作，最有效地满足消费者日益多元化和个性化的消费需求，从而提高企业的竞争能力。

一、ECR 产生的背景

ECR 是美国食品杂货行业开展供应链体系构造的一种实践。可以说，ECR 吹响了美国食品杂货产业全面推动供应链管理的号角。ECR 之所以能在美国食品杂货行业得到广泛的认可和实践，其主要原因和背景有以下几个方面。

(一)零售业态间的竞争

20 世纪 80 年代末，美国食品杂货产业中出现了一些新型的零售业态，并且得到了迅速发展，成为食品零售市场中的主要竞争者，这种新型的食品零售业态主要是批发俱乐部(Wholesale Club)和仓储式商店(Mass Merchants)。这些新型的市场参与者对原有的超市构成了巨大的威胁，这是因为新型的食品杂货零售业态强调的是每日低价、绝对净价进货以及快速的商品周转，这无疑大大削弱了超市的竞争优势。据统计，1987 年美国 76%的食品杂货是通过超市销售，到 1992 年这个比例已下降到 56%，这相当于传统超市减少了 27 亿美元的销售收入。这种状况下，一方面，原有的超市只有不断地调整自己的经营战略和经营形式，才能应对日益激烈的市场竞争；另一方面，作为新型的零售业态，也只有进一步强化竞争或核心能力，才能在长期的零售竞争中保持持续的优势。而作为零售企业亟待提高的能力首先就是：如何在最短的时间内，对顾客的需求做出响应，从而实现快速、差异化的服务，同时借助于单品管理(即建立在个别商品管理基础上的畅销品、滞销品管理)，提高零售企业的作业效率。正是在这种要求和发展目标的引导下，美国食品杂货行业开始了 ECR 的实践和探索，并最终形成了供应链构建的高潮。

(二)日益膨胀的促销费用和大量进货的成本压力

在传统的经营体制中，由于市场中生产企业间和零售企业间的竞争加剧，各企业为了保持自己的销售额和市场份额，一方面生产企业试图通过降低价格来实现零售商的大量进货；另一方面，零售商为了促进销售也要求生产企业降低商品价格，提供各种商品销售中的优惠条件。其结果是生产商的负担加重，各种促销活动也损坏了生产企业的利益。生产企业为了将这种损失降低到最小限度，并保持持续增长的销售，只有不断扩大新产品的生产，通过广泛的产品线来弥补因大量促销造成的损失。而这一行为又造成企业之间无差异竞争加剧，同时使零售企业的进货和商品管理成本加大。由于 ECR 能够有效地解决上述问题，避免无效商品的生产、经营，提高产销双方的效率，所以，它的推行吸引了大量生产企业的加入。

(三)构建新型的供应链管理体系的需要

ECR 在美国的推行过程中还有一个背景和特点是值得人们注意的，即当时随着产销合作或供应链构建的呼声越来越高，特别是 QR 和战略联盟的日益发展，生产企业与零售商直接交易的现象越来越普遍，批发业则日益萎缩。但是，在 ECR 的推行过程中，并不是盲目地排斥批发商，而是在重新认识批发业重要性的同时，通过批发商经营体系的改造和现代经营制度的建立，将其有机地纳入到供应链体系的构建中，这可能与食品杂货行业的商品特性有一定的关联。

二、ECR 的含义和特征

(一)ECR 的含义

有效客户反应(ECR)是以满足客户要求和最大限度降低物流过程费用为目标，通过生产厂家、批发商和零售商等供应链组成各方之间的相互合作与协调，对市场需求及时做出准确反应，为消费者更好、更快、低成本地提供满意的商品，从而达到商品供应和服务流程最佳化。

ECR 以信任和合作为基础，以创造消费者价值为理念，将零售业的精细化管理和供应链整体协调性管理结合，力求达到满足消费者需求和优化供应链的双重效果。供应链合作伙伴为了提高消费者满意的共同目标，把以前处于分离状态的供应链联系在一起，在作业流程上密切合作，共同分享信息和诀窍。这由贯穿整个供应链的四个核心过程组成，即有效新产品投入(Efficient New Product Introductions)、有效促销活动(Efficient Promotions)、有效商品补充(Efficient Replenishment)和有效店铺空间安排(Efficient Store Assortment)，也称为ECR 的四大要素。ECR 的供应链过程如图 11-2 所示。

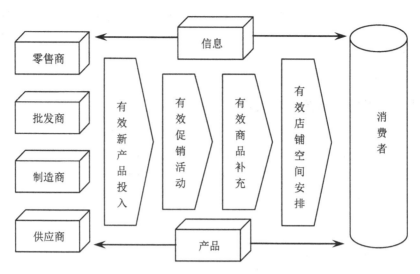

图 11-2 ECR 的供应链过程

1. 有效新产品投入

ECR 的核心就是通过信息共享，及时准确地分析消费趋势，正确把握市场定位，向市场导入有效的新产品。通过实施 ECR，供应商和零售商采用 POS 系统、磁卡和会员制等，再通过中央计算机处理，可以对零售点的销售状况进行即时汇总和处理，准确分析消费者的有效需求，并发出订单。厂家可据此有效地安排新产品开发和生产，以最短的时间将适销对路的新产品生产出来并投放市场。

2. 有效促销活动

ECR 系统简化了厂商和零售商之间的贸易关系，零售商将经营重点由采购转移到销售，将更多的金钱和时间投入有效的促销活动中，消费者因此可以获得更多的实惠。商品销售往往会受季节、气候和消费周期等因素的影响，零售商对此十分熟悉。根据具体情况，零售商可以有效地开展各种活动，包括推出每日低价商品、散发和邮寄商品广告、发放购物优惠券等，激发消费者的购买欲望，减少或消除不利因素的影响。在高效仓储、运输、管理和生产的前提下，通过促销活动可提高整个供应链系统的经济效益。

3. 有效商品补充

通过电子数据交换(EDI)和计算机辅助订货系统，实现小批量、即时补货，实现补货系统的时间和成本的优化组合。零售商根据 ECR 提供的信息，对销售量进行准确预测，并通过计算机辅助订货系统向供应商发出订货指令，供应商根据订货指令，直接向零售店铺配送货物，或利用配送中心等共享资源进行转换配送，从而形成销售和配送同步运转。这样，既降低了配送成本，又实现了对零售商的小批量、即时补货。

4. 有效店铺空间安排

在区域经济分析的基础上，进行系统规划，合理设置零售点和配送中心，以减少仓储和运输费用。零售商集中精力加强零售点的商品分类管理、店铺的空间管理和促销管理，在厂家保证高效连续补货的前提下，零售商能够及时补充畅销商品，撤换滞销商品。这就加快了货物销售，低成本、高效率地扩大销售额。表 11-1 清晰地显示了 ECR 系统四大要素的主要内容。

表 11-1　ECR 系统四大要素的主要内容

要　素	内　容
有效新产品投入	最有效地开发新产品，进行产品的生产计划，以降低成本
有效促销活动	提高仓储、运输、管理和生产效率，减少预先购买、供应商库存和仓储费用，使贸易促销的整个系统效率最高
有效商品补充	包括电子数据交换(EDI)以需求为导向的自动连续补充和计算机辅助订货，使补充系统有效商品补充的时间和成本最优化
有效店铺空间安排	通过第二次包装(例如，为满足不同的订单需求，将一个运输包装中的产品进行不同的包装，并赋予不同的包装标识)等手段，提高货物的分销效率，使库存和商店空间的使用率最优化

(二)ECR 的特征

有效客户反应的主要特征如下。

1. 管理意识的创新

传统的产销双方的交易关系是彼此对立的，在经济利益上此消彼长、非赢即输(Win-Lose)。ECR 则要求产销双方建立合作伙伴式的交易关系，即交易各方通过相互协调合作，实现以低的成本向消费者提供更高价值服务的目标，在此基础上追求双方的利益，所以这是一种双赢(Win-Win)型关系。

2. 供应链整体协调

传统流通活动缺乏效率的原因主要有两个：一是厂家、批发商和零售商间联系的非效率性，二是企业采购、生产、销售和物流等部门或职能之间存在部门间联系的非效率性。传统的组织是以部门或职能为中心进行经营活动，以各个部门或职能的效益最大化为目标。这样虽然能够提高各个部门或职能的效率，但容易引起部门或职能间的冲突。因而在厂家、批发商和零售商之间，以及在采购、生产、销售和物流等部门或职能之间存在非效率性。ECR 要求各部门、各职能和各企业之间消除隔阂，进行跨部门、跨职能和跨企业的管理与协调，使商品流和信息流在企业内和供应链内畅通地流动。

3. 涉及范围广

既然 ECR 要求对供应链整体进行管理和协调，ECR 所涉及的范围必然包括零售业、批发业和制造业等相关的多个行业。为了最大限度地发挥 ECR 所具有的优势，必须从供应链整体甚至供应链以外，对相关联的行业进行分析研究，对参与供应链的各类企业进行管理和协调。

知识拓展

在 20 世纪 60 年代和 70 年代，美国日杂百货业的竞争主要是在生产厂商之间展开，竞争的重心是品牌、商品、经销渠道以及大量的广告和促销，在零售商和生产厂家的交易关系中，生产厂家占据支配地位。进入20世纪80年代特别是到了90年代以后，在零售商和生产厂家的交易关系中，零售商开始占据主导地位，竞争的重心转向流通中心、商家自有品牌(PB)、供应链效率和POS系统。在供应链内部，零售商和生产厂家之间为取得供应链主导权的控制，同时为商家品牌(PB)和厂家品牌(NB)占据零售店铺货架空间的份额展开激烈的竞争。这种竞争使供应链的各个环节间的成本不断转移，导致供应链整体的成本上升，而且形成交易关系双方一赢一输的局面，容易牺牲力量较弱一方的利益。

在这期间，从零售商角度来看，新的零售业如仓储商店、折扣店的大量涌现，使它们能以相当低的价格销售商品，从而使日杂百货业的竞争更趋激烈。在这种状况下，许多传统超市业者开始寻找对应这种竞争方式的新管理方法。从生产厂家角度来看，由于日杂百货商品的技术含量不高，大量无实质性差别的新商品被投入市场，使生产厂家之间的竞争趋同化。生产厂家为了获得销售渠道，通常采用直接或间接的降价方式作为向零售商促销的主要手段，这种方式往往会大量牺牲厂家自身的利益。所以，如果生产商能与供应链中的零售商结成更为紧密的联盟，将不仅有利于零售业的发展，同时也符合生产厂家自身的利益。

另外，从消费者的角度来看，过度竞争往往会使企业在竞争时忽视消费者的需求。通常消费者要求的是商品的高质量、新鲜度、服务和在合理价格基础上的多种选择。然而，许多企业往往不是通过提高商品质量、服务和在合理价格基础上的多种选择来满足消费者，而是通过大量的诱导型广告和广泛的促销活动来吸引消费者转换品牌，同时通过提供大量非实质性变化的商品供消费者选择。这样消费者不能得到他们需要的商品和服务，他们得到的往往是高价和不甚满意的商品。对于这种状况，客观上要求企业从消费者的需求出发，提供能满足消费者需求的商品和服务。

在上述背景下，20世纪80年代末，美国食品杂货业出现了批发俱乐部和仓储式商品店两种新的零售业态，打破了原有的市场格局，从而开始了ECR的实践探索。美国食品市场营销协会(US Food Market Institute，UFMI)联合包括COCA-COLA、P&G、Safe-way Store在内的16家企业与流通咨询企业 Kurt Salmon Associates 公司一起组成研究小组，对食品业的供应链进行调查总结分析，于1993年1月提出了改进该行业供应链管理的详细报告。在该报告中系统地提出有效客户反应的概念和体系。经过美国食品市场营销协会的大力宣传，ECR概念被零售商和制造商所接纳并被广泛地应用于实践。

(资料来源：现代物流管理课题组.供应链管理)

三、ECR的实施原则与实施前提

(一)ECR的实施原则

美国食品市场营销协会的报告提出应用ECR时必须遵守以下五项指导原则。

(1) ECR的目的是以低成本向消费者提供高价值服务。这种高价值服务表现在向供应链客户提供更优的产品、更高的质量、更好的分类、更好的库存服务和更多的便利服务等方面。ECR通过整个供应链整体的协调和合作来实现以低成本向消费者提供更高价值服务的目标。

(2) ECR 要求供需双方关系必须从传统的赢输型交易关系向双赢型联盟伙伴关系转化。这就需要企业的最高管理层对本企业的组织文化和经营习惯进行改革,使供需双方关系转化为双赢型联盟伙伴关系成为可能。

(3) 及时准确的信息在有效地进行市场营销、生产制造和物流运送等决策方面起重要作用。ECR 要求利用行业 EDI 系统在组成供应链的企业间交换和分享信息。

(4) ECR 要求从生产线末端的包装作业开始到消费者获得商品为止的整个商品移动过程产生最大的附加价值,使消费者在需要的时间能及时获得所需的商品。

(5) ECR 为了提高供应链整体的效果(如降低成本、减少库存、提高商品的价值等),要求建立共同的成果评价系统,该系统注重整个系统的有效性,即通过降低成本与库存以及更好的资产利用,实现更优价值,清晰地标识出潜在的回报,并且要求在供应链范围内进行公平的利益分配。

总之,ECR 是通过推进供应链各方间的真诚合作,来实现消费者满意和基于利益的整体效益最大化。

(二)ECR 的实施前提

有效客户反应的实施前提包括以下几个方面。

1. 良好的合作意愿

对大多数组织来说,改变对供应商或客户的内部认知过程,即从敌对态度转变为将其视为同盟的过程,比 ECR 的其他相关步骤困难,时间花费更多。创造 ECR 的最佳氛围,首先必须明确 ECR 是建立在交易各方的合作基础上,对 ECR 树立明确的信心。没有良好的合作意愿,就无法实施 ECR。

2. 初期的 ECR 同盟伙伴

对于大多数刚刚实施 ECR 的公司来说,应该至少有 2~4 个初期同盟伙伴,并在各个职能区域的高级同盟代表之间就 ECR 本身及怎样启动 ECR 进行讨论,通过联合任务组,专门致力于已证明可取得巨大效益的项目。事实证明:往往要花上 9~12 个月的努力,才能赢得合作伙伴足够的信任和信心,在开放的非敌对环境中探讨相关的重要问题。

3. 必要的技术支持

虽然在信息技术投资较少的情况下也可能获得 ECR 的许多利益,但是具备必要的信息技术可以充分发挥 ECR 的优势。这些技术包括支持商品类别管理、计算机辅助订货、接驳式转换配送、实施连续补货的 POS 系统、EDI 系统和条形码技术等。

四、ECR 系统的构建

作为一个供应链的管理系统,构建 ECR 需要将营销技术、物流技术、信息技术和组织革新技术有机地结合起来,才能实现 ECR 目标,真正做到交易各方消除隔阂、协调合作,共同为消费者提供低成本、高品质商品。ECR 系统的结构如图 11-3 所示。

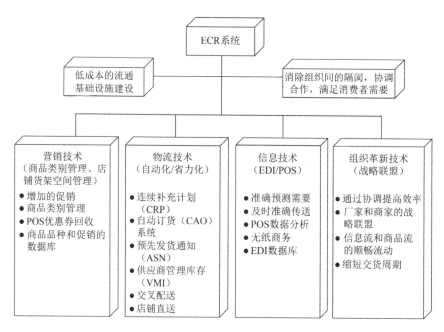

图 11-3 ECR 系统的结构

1. 营销技术

在 ECR 系统中进行市场营销主要体现在商品类别管理(Category management)和店铺货架空间管理(Space management)上。

(1) 商品类别管理是指以商品类别为管理单位，寻求整个商品类别整体收益最大化。具体来说，企业对经营的所有商品按类别进行分类，确定或评价每一个类别商品的功能、作用、收益性和成长性等指标。在此基础上，结合各类商品的库存水平和货架展示等因素，制订商品品种计划，对整个商品类别进行管理，以便在提高消费者服务水平的同时增加企业的销售额和收益水平。商品类别管理的基础是对商品进行分类，分类的标准、各类商品功能和作用的设定依企业的使命与目标不同而不同，原则上是按照客户的需要和客户的购买习惯来分类。

(2) 店铺货架空间管理是对店铺的空间安排、各类商品的展示比例和商品在货架上的布置等进行最优化管理。在 ECR 系统中，店铺空间管理和商品类别管理同时进行、相互作用。在综合店铺管理中，对所有类别的商品进行货架展示面积的分配和展示布置，以便提高单位营业面积的销售额和单位营业面积的收益率。

2. 物流技术

ECR 系统要求准时制(JIT)配送和顺畅流动(Flow-through Distribution)。物流管理是实现这一目标的基本保证，它涉及连续补充计划(CRP)、自动订货(Computer Assisted Ordering，CAO)、预先发货通知(ASN)、供应商管理库存(VMI)、交叉配送(Cross-docking)和店铺直送(Direct Store Delivery，DSD)等。

(1) 连续补充计划是利用及时准确的 POS 数据确定商品销售的具体数量，以此为依据，结合零售商或批发商的库存信息和预先规定的库存补充程序确定发货、补货的时间与数量，以小批量、多频率方式进行连续配送，补充零售店铺的库存，提高库存周转率，缩短交货周期。

(2) 自动订货是基于库存和客户需要信息利用计算机进行自动订货的系统。

(3) 预先发货通知是生产厂家或者批发商在发货时利用电子通信网络提前向零售商传送货物的明细清单。这样零售商事前可以做好货物进货准备工作。

(4) 供应商管理库存是指上游企业对下游企业库存进行管理和控制。例如，生产厂家基于零售商的销售和库存等信息，自动地向本企业的物流中心发出发货指令，补充零售商的库存。VMI 方法包括 POS、CAO、ASN 和 CRP 等技术。在采用 VMI 的情况下，虽然零售商的商品库存决策主导权由生产厂家掌握，但在店铺的空间安排和商品货架布置等店铺空间管理决策方面仍由零售商主导。

(5) 交叉配送是在零售商的流通中心，把来自各个供应商的货物按发送店铺迅速进行分拣装车，向各个店铺发货。在交叉配送的情况下，流通中心仅是一个具有分拣装运功能的通过型中心，有利于交货周期的缩短、减少库存提高库存周转率，从而节约成本。交叉配送如图 11-4 所示。

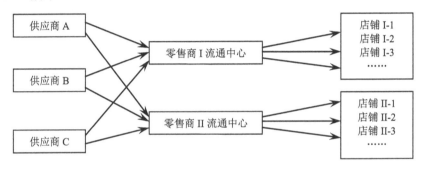

图 11-4　交叉配送

(6) 店铺直送是指商品不经过流通配送中心，直接由生产厂家运送到店铺的运送方式。采用店铺直送方式可以保持商品的新鲜度，减少商品运输破损，缩短交货时间。店铺直送如图 11-5 所示。

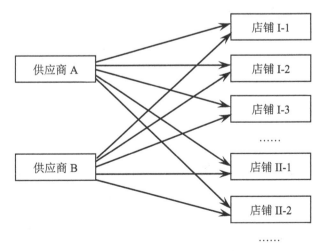

图 11-5　店铺直送

3. 信息技术

ECR 系统应用的主要信息技术有电子数据交换(EDI)和销售时点信息(POS)。

(1) EDI 技术最大的作用之一是在供应链企业间传送交换订货清单、价格变化信息和付款通知单等单据，实现电子化作业。例如，厂家在发货的同时预先把产品清单发送给零售商，零售商在商品到货时，用扫描仪自动读取商品包装上的物流条形码获得进货的实际数据，并自动地与预先到达的商品清单进行比较。另外，利用 EDI 在供应链企业间传送交换销售时点数据、库存信息、新产品开发信息和市场预测信息等直接与经营有关的信息，可以提高整个供应链的效率。

(2) ECR 系统的另一个重要信息技术是 POS。对零售商来说，通过对在店铺收银台自动读取的 POS 数据进行整理分析，可以掌握消费者的购买动向，找出畅销品和滞销商品，做好商品类别管理、库存管理和订货管理等。对生产厂家来说，掌握准确的 POS 数据，可以准确把握消费者需要，制订生产计划，开发新产品；还可以把 POS 数据和 EDI 数据结合起来分析把握零售商的库存水平，进行供应商管理库存(VMI)的库存管理。

目前，许多零售企业把 POS 数据和客户卡(Customer Card)与点数卡(Point Card)等结合起来使用。通过客户卡，可以知道每个客户的详细购买行动。例如，什么时间？购买了多少？什么价格的？什么商品？某一时间段总共购买了哪些商品？总金额是多少？这样可以有效分析客户的购买需要，做好商品促销等方面的工作。

4. 组织革新技术

应用 ECR 系统不仅需要组成供应链的每一个成员紧密协调和合作，还需要每一个企业内部各个部门间紧密协调和合作，因此想要成功地应用 ECR 还需要对企业的组织体系进行革新。

企业内部需要把采购、生产、物流和销售等按职能划分的组织形式改变为以商品流程为基本职能的横断型的组织形式。即把企业经营的所有商品按类别划分，并建立对应于每一个商品类别的管理团队，每一个管理团队可以分别设定经营目标(如客户满意度、收益水平和成长率等)，并拥有采购、品种选择、库存补充、价格设定和促销等方面的相应权限。这种基于商品类别的管理团队规模小，因而内部容易交流和协调。

供应链上的每一个合作伙伴都需要在各自企业内部建立以商品类别为管理单位的组织。这样，成员企业中的商品类别管理团队就可以相互衔接，共同讨论从材料采购、生产计划到销售状况、消费者咨询等有关该商品类别的全盘管理问题。

五、实施 ECR 的效果

ECR 战略的实施，可以减少多余的活动和节约相应的成本。

(1) 节约直接成本，即通过减少额外活动和相关费用直接降低的成本。

(2) 节约财务成本，即间接的成本节约，主要是因为实现单位销售额的存货要求降低了。

具体来说，节约的成本包括商品的成本、营销费用、销售和采购费用、后勤费用、管理费用和店铺的经营费用等。从表 11-2 中，可以看到节约这些成本的原因。

表 11-2　ECR 带来的企业成本和费用的节约

费用类型	ECR 带来的节约
商品的成本	损耗降低，制造费用降低(包括减少加班时间、更充分利用生产力)，包装成本降低(促销商品的成本包装更少、品种减少)，更有效地进行原材料采购
营销费用	贸易促销和消费者促销的管理费用降低了，产品导入失败的可能性减少
销售和采购费用	现场和总部的资源费用降低(包括合同的减少、自动订货、减少降价)，简化了管理
后勤费用	更有效地利用了仓库和卡车，跨月台物流，仓库的空间要求降低了
管理费用	减少一般的办事员和财务人员
店铺的经营费用	自动订货，单位面积的销售额更高

ECR 的导入可能会导致营业利润下降。营业利润是指去掉所有的经营费用后的净收入，它主要是用来支付税收、利息和红利，剩下的钱是用于继续发展的留存盈余。尽管营业利润降低了，但实际上制造商和零售商并没有损失，这是因为随着固定资产和流动资产(存货)的降低，投资收益率增加了。

实现 ECR 之后，在整个系统的总节约成本中，厂商所占的份额大于零售商，厂商节约的成本占 54%，其中 47%来自直接成本的节约，7%来自财务成本的节约；分销商节约的成本占 46%，其中 32%来自直接成本的节约，14%来自财务成本的节约。

第四节　协同规划、预测和连续补货

一、CPFR 出现的背景

近几年来随着经济环境的变迁、信息技术的进一步发展以及供应链管理逐渐为全球所认同和推广，供应链管理开始更进一步地向无缝连接转化，促使供应链的整合程度进一步提高。这种供应链高度整合的项目就是沃尔玛所推动的合作预测和补货(Collaborative Forecast and Replenishment，CFAR)与合作计划预测和补货(Collaborative Planning Forecasting and Replenishment，CPFR)，这种新型的系统不仅是对企业本身或合作企业的经营管理情况给予指导和监控，更是通过信息共享实现联动的经营管理决策。

CFAR 是利用 Internet 通过零售企业与生产企业的合作，共同进行商品需求预测，并在此基础上实行连续补货的系统。在原来的信息共享机制下，沃尔玛通过与其他企业共享 POS 数据来实现滞销商品的削减、迅速进行补货等功能，合作企业也能有效地控制本企业产品的销售。但是，在销售预测方面，供应链上的各企业是独自进行的，企业间销售预测就会出现不一致的状况。换句话说，尽管供应链各环节的企业都能通过 POS 数据的共享来进行合理的市场预测和经营管理计划的制订，但是由于各经济主体利益和地位的不一致，加上经验积累不同(如生产商更了解商品的技术发展、性能等，物流提供方更了解商品运输、库存管理的特性，零售商更了解市场发展的动向和销售技巧等)，各企业的预测往往会有一些差异，而这种差异可能导致某些企业的经营损失和无效管理。相反，如果供应链上的各企业在能力集成的基础上，共同做出预测，则可以大大减小预测的偏差和由此而产生的风险。

以沃尔玛为例，数据采集是从沃尔玛的数据库开始，通过零售环节(Retail Link)将沃尔玛合作企业之间的交易记录、销售数据、各种相关信息等储存在 CFAR 服务器中，采用标准化的格式加以分类整理。沃尔玛 CFAR 工作组主要是对各种数据和经营指令进行分析整理，用 Excel 表格形式进行计算，然后将分析结果以标准化的格式存入 CFAR 服务器。合作企业也设置有 CFAR 服务器，并与沃尔玛的系统服务器连接，合作企业的计划者根据沃尔玛的预测情况，加上本企业的分析研究，做出新的预测，并将新的商品预测存入 CFAR 服务器，再通过网络传输给沃尔玛的 CFAR 服务器。这样，在双方预测的基础上，综合形成一致的预测结果。显然，这种一致的预测，使得企业之间的各种活动和流程形成了紧密的结合。

在沃尔玛的不断推动之下，基于信息共享的 CFAR 系统又正在向 CPFR 发展。CPFR 是在 CFAR 共同预测和补货的基础上，进一步推动共同计划的制订，即不仅合作企业实行共同预测和补货，同时将原来属于各企业内部事务的计划工作(如生产计划、库存计划、配送计划、销售规划等)也由供应链各企业共同参与。在 1995 年，由沃尔玛公司等 5 家公司联合成立了工作小组，进行 CPFR 的研究和探索。1998 年，美国召开零售系统大会时又加以倡导。目前试验的零售企业有沃尔玛、凯马特和威克曼斯，生产企业有宝洁、金佰利和 HP 等。可以说，这是目前供应链管理在信息共享方面的最新发展。

二、CPFR 的本质特点

(一)协同

从 CPFR 的基本思想看，供应链上下游企业只有确立起共同的目标，才能使双方的绩效都得到提升，取得综合性的效益。如果零售商的所谓 JIT 只是建立在供应方持有商品，而自己需要时由供应商及时补充的基础上，或者供应方的商品供应是建立在今年的销量要高于去年的销量的基础上，那么它是以牺牲双方中的一方，由对方持有较高存货为代价，其结果不是一种双赢的局面，而是"我赢，你自己考虑如何赢"的状况。CPFR 这种新型的合作关系要求双方长期承诺公开沟通、信息分享，从而确立协同性的经营战略。尽管这种战略的实施必须建立在信任和承诺的基础上，但是这是买卖双方取得长远发展和良好绩效的唯一途径。正因为如此，协同的第一步就是保密协议的签署、纠纷机制的建立、供应链计分卡的确立以及共同激励目标的形成(例如，不仅包括销量，也同时确立双方的盈利率)。应当注意的是，在确立这种协同性目标时，不仅要建立起双方的效益目标，更要确立协同的盈利驱动性目标，只有这样，才能使协同性能体现在流程控制和价值创造的基础之上。

(二)规划

1995 年，沃尔玛与 Warner-Lambert 的 CFAR 为消费品行业推动双赢的供应链管理奠定了基础，此后当 VICS 定义项目公共标准时，认为需要在已有的结构上增加合作规划(品类、品牌、分类、关键品种等)和合作财务(销量、订单满足率、定价、库存、安全库存、毛利等)。此外，为了实现共同的目标还需要双方协同制订促销计划、库存政策变化计划、产品导入和中止计划以及仓储分类计划。

(三)预测

任何一个企业都能做出预测,但是 CPFR 强调买卖双方必须有最终的协同预测。像季节和潮流等因素无论是对服装或类似商品的供应方还是销售方都是十分重要的,基于这类信息的共同预测能大大减少整个价值链体系的低效率、死库存,促进更好地销售产品,节约整个供应链的资源。与此同时,最终实现协同促销计划是预测精度提高的关键。CPFR 所推动的协同预测还有一个特点是它不仅关注供应链双方共同做出的最终预测,同时也强调双方都应参与预测反馈信息的处理和预测模型的制订和修正,特别是如何处理预测数据的波动等问题,只有把数据集成、预测和处理的所有方面都考虑清楚,才有可能真正实现共同的目标,使协同预测落在实处。

(四)补货

销售预测必须利用时间序列预测和需求规划系统转化为订单预测,并且供应方约束条件,如订单处理周期、前置时间、订单最小量、商品单元以及零售方长期形成的购买习惯等都需要供应链双方加以协商解决。根据 VICS 的 CPFR 指导原则,协同运输计划也被认为是补货的主要因素。此外,需要对例外状况出现的概率、转化为存货的百分比、预测精度、安全库存水准、订单实现的比例、前置时间以及订单批准的比例等定期协同审核。对于潜在的分歧,如基本供应量、过度承诺等,双方应及时解决。

三、CPFR 的实践与发展现状

在沃尔玛等优秀企业的倡导下,特别是美国 VICS 协会在 1998 年发布了 CPFR 指导准则以后,越来越多的优秀企业开始采用 CPFR 来推动企业业绩的大幅提升,尤其许多世界 500 强的企业已开始实施、建立或研究 CPFR,其中的代表除了沃尔玛公司之外,还有 Andersen 咨询公司、柯达公司、联邦百货店、JC 朋尼、金佰利公司、克特·萨尔蒙公司、Nabisco 公司、NCR 公司、宝洁公司等。这些公司不仅成了 CPFR 的先驱,而且还在成功实施 CPFR 之后,进一步在其所有贸易伙伴中推广 CPFR。

CPFR 正越来越明显地影响着企业运营管理的基本模式,从而证明 CPFR 是当今企业供应链管理的主导趋势和骨干框架。也正因为如此,需要更为详细地了解并掌握如今 CPFR 发展的现状和具体的实施绩效。2000 年,Syncra System 和 Industry Direction 联合进行了一项针对全球制造商、零售商、分销商、物流提供商和其他经营者(主要集中于消费品领域)的 CPFR 调研,以了解这些企业为什么、如何实施 CPFR,以及 CPFR 所产生的作用。其调研样本的分布为:制造商占 49%,零售商占 23%,批发分销商占 10%,其他类型企业占 18%,企业的规模从不到 100 万美元到超过 5 亿美元。应该说,这个抽样调查具有相当大的代表性,因此,从中可以清晰地了解 CPFR 所产生的具体效果,以及当今 CPFR 实施过程中尚存的问题,这对推动 CPFR 在企业中的实践无疑大有裨益。

四、CPFR 供应链的实施

从 CPFR 全球实施和进展的情况可以看出，CPFR 不同于以往的管理实践，它关注的是企业间业务合作关系的建立，而不是单一企业内管理框架的建立。不仅如此，它不是简单地挖掘单一的相关数据，而是从多个组织中发现可比较的数据，进而对这些数据进行整合、组织，并以此确立组织间的商业规则。这正是 CPFR 取得巨大成效的关键，也是 CPFR 实施推广的难点。

(一)CPFR 供应链的体系结构

以 CPFR 概念为基础建立的供应链体系结构，分为四个功能层，具体如下。

(1) 决策层。决策层主要负责管理合作企业领导层，包括企业联盟的目标和战略的制定、跨企业的业务流程的建立、企业联盟的信息交换和共同决策。

(2) 运作层。运作层主要负责合作业务的运作，包括制订联合业务计划、建立单一共享需求信息、共担风险和平衡合作企业能力。

(3) 内部管理层。内部管理层主要负责企业内部的运作和管理，包括商品分类管理、库存管理、商店运营、物流、顾客服务、市场营销、制造、销售和分销等。

(4) 系统管理层。系统管理层主要负责供应链运营的支撑系统和环境管理及维护。

(二)CPFR 实施的框架和步骤

1. 识别可比较的机遇

CPFR 有赖于数据间的比较，这既包括企业间计划的比较，又包括一个组织内部新计划与旧计划以及计划与实际之间的比较。这种比较越详细，CPFR 的潜在收益越大。正因为如此，CPFR 实施的第一步就是识别比较性机遇。将企业间的计划进行比较非常富有挑战性，因为零售商和制造商的计划千差万别，一般而言，零售商更关注预测消费者对促销、竞争者和产品类别变化的反应，而制造商通常对管理分销中心内的库存较为关心。零售商的目标是保持店铺和仓储中的商品，在排除滞销品的同时使畅销品不断货；供应商的目标是建立更有效的生产和补货流程。因此，如何有效地消除买卖双方计划的差异对于贸易伙伴数据的取得和保持其精确性非常重要。在识别可比较的机遇方面，应当意识到其关键在于以下几个方面。

(1) 订单预测的整合。通常零售商根本不进行订单预测，这其中有很多商业和技术的原因，有些企业认为订单预测限制了企业调整库存或获取产品资源的柔性，而没有充分看到它产生的效益以及对恰当的补货方式产生的正效应。即便有些零售商做了订单预测，也只是对基本需求做出预测，而且这种预测完全没有与促销计划统一起来。CPFR 则不同，它为补货订单预测和促销订单提供了整合、比较的平台，CPFR 参与者应该搜集所有的数据资源和拥有者的计划，寻求一对一的比较，即便不能马上整合促销计划，最起码零售商的基本订单预测应当同供应商预测相比较。

(2) 销售预测的协同。CPFR 要求企业在周计划促销的基础上再做出客户销售预测，这样将这种预测与零售商的销售预测相对照，就可能有效地避免销售预测中由于没有考虑促销、季节因素等产生的差错。

基于上述两个方面的考虑，CPFR 的实施要求 CPFR 与其他供应和需求系统相整合，这样通过综合运作，识别可比较的机遇。具体来讲，对于零售商，CPFR 要求整合比较的资源有商品销售规划(产生促销、销售预测的计划系统)、分销系统(包括订货、仓储管理或补货计划，这些计划能产生订单预测、货物追踪以及配送中心时点状态信息等)、店铺运作系统(报告店铺销售、店铺订单以及时点信息)；对于供应商，CPFR 需要整合比较的资源有 CRM(帮助销售队伍制定促销和销售预测)、APS(建立最优的补货计划)以及 ERP(基于企业需求生产和分销产品)。应当看到的是，CPFR 的这种资源整合和比较，不一定都是表明 CPFR 系统与其他应用系统直接相连，但是这种比较的基础至少是形成共同的企业数据库，如果企业之间对产品品类的界定、季节段的界定、促销计划的界定等不一致，就不可能形成精确的预测，顺利实施 CPFR。所以，在识别比较机遇阶段，定期数据的输入、协同数据处理和比较是 CPFR 运作的关键。在实施过程中，还有一点也是参与方需要关注的，即例外情况的识别。任何在数据输入、计划对比过程中发生的例外都需要事先考虑，并且一旦发生就需要人工介入，加以调整。所以这些弥补手段也需要供应链参与方细致地规划。

2. 数据资源的整合运用

CPFR 实施的第二个阶段就是数据资源的整合运用，这种整合运用不仅是集合、调整数据，而且也需要供应链参与方调整相应的业务政策，以使 CPFR 可实施。数据资源的整合运用主要反映在如下方面。

(1) 不同层面的预测比较。不同类型的企业由于利益的驱使，计划的关注点各不相同。一般在业务计划方面，零售商更倾向于基于地点的信息，如店铺层面的预测等；供应商更倾向于产品层面的具体信息(如品类、品种、规格等)，而且越具体越好。这样，这两类不同来源的信息常常不一致。CPFR 要求协同团队寻求到不同层面的信息，并确定可比较的层次。

(2) 商品展示与促销包装的计划。商品展示管理对于提高企业经营绩效至关重要，因为它通过将特定的产品放置在特定的位置来吸引客户的关注。CPFR 系统在数据整合运用方面一个最大的突破在于它对每一个产品进行追踪，直到店铺，并且销售报告以包含展示信息的形式反映出来。这样预测和订单不单是需要多少产品，而且包含了不同品类、颜色及形状等特定展示信息，这样数据之间的比较不再是预测与实际绩效的比较，而是建立在单品基础上包含商品展示信息的比较。CPFR 实施过程中还有一个很重要的因素是建立在预测、追踪以及协同计划上的对促销商品的管理。以往促销时特殊包装商品的管理非常困难，其原因在于交易伙伴有时可能没有特殊包装商品的标识，所以，当对交易伙伴进行销售预测时，特殊包装商品的信息没有体现出来。而对 CPFR 则不同，由于交易双方在事前就已商定协同促销，所以对促销商品的预测、追踪和管理就相对容易。

(3) 时间段的规定。CPFR 在整合利用数据资源时，非常强调时间段的统一。由于预测、计划等行为都是建立在一定时间段基础上，所以如果交易双方对时间段的规定不统一，交易双方的计划和预测就很难协调。正因为如此，供应链参与者需要就管理时间段的规定进行协商统一，如预测周期、计划起始时间和补货周期等。

3. 组织评判

一旦供应链参与方有了可比较的数据资源，他们必须建立一个企业特定的组织框架体系以反映产品的定位(层次)、分销地区以及其他品类计划的特征。一般而言，一个企业有多种组织框架，如企业可以按照配送中心确立分销体系，也可以按照销售区域确立分销体系。企业往往在现实中采用多种组织管理方法，CPFR 能在企业清楚界定组织管理框架后，支持多体系的并存，体现不同框架的映射关系。例如，在"店铺"一栏中，零售企业可以按照"区域"或者"DC"管理相应的数据资源(见图 11-6)，在"销售区域"栏目中列有一系列区域名，而各店铺都从属于特定区域，同样，在"DC"栏目中列有包含各店铺信息的配送中心信息。尽管同一店铺的信息可能分别从属于不同的管理栏目，但是 CPFR 反映的店铺信息是完全一致和同一的数据。

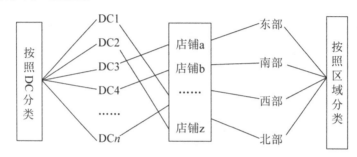

图 11-6 CPFR 所支持的多层组织框架

4. 商业规则界定

当所有的业务规范和支局资源的整合以及组织框架确立后，最后在实施 CPFR 的过程中需要决定的是供应链参与方的商业行为规则，这种规则主要表现在例外情况的界定和判断上。

五、CPFR 实施过程中应当关注的因素

1. 以"双赢"的态度看待合作伙伴和供应链的相互作用

企业必须了解整个供应链过程以发现自己的信息和能力在何处有助于供应链，进而有益于最终消费者和供应链合作伙伴。换句话说，基于 CPFR 的供应链成功的一个关键是从"赢/损"的传统企业关系到"赢/赢"的合作关系的转变。

2. 为供应链成功运作提供持续保证，共同承担责任

这是基于 CPFR 的供应链成功运作所必需的企业价值观。供应链上每个合作伙伴的保证、权限和能力不同，合作伙伴应能够调整其业务活动以适应这些不同。无论在哪个职责层，合作伙伴坚持其保证和责任将是供应链成功运作的关键。

3. 防止产品转向

由于产品转向会较大地抑制合作伙伴协调需求和供应计划的能力，因此它不能与 CPFR 共存。防止产品转向的一个关键是只了解短期效益与建立一个供应链的长期效益的差别。

这也要求对 CPFR 有必要的信心。

4. 实现跨企业、面向团队的供应链

团队不是一个新概念。建立跨企业的团队产生了一个新问题：团队成员可能参与其他团队，或与他们合作伙伴的竞争对手合作。这些竞争对手互相有"赢/损"关系，团队联合的深度和交换信息的类型可能造成多个 CPFR 团队成员的冲突。在这种情况下，必须有效地构建支持完整团队和个体关系的公司价值系统。

5. 制定和维护行业标准

公司价值系统的另一个重要组成部分是对行业标准的支持。每个公司有一个单独开发的过程，这会影响公司与合作伙伴的联合。行业标准的制定既便于实行的一致性，又要允许公司间的不同，这样才能被有效应用。开发和评价这些标准，有利于 CPFR 参与者的信息共享和合作。

CPFR 是供应链管理的一个新模式，该模式中许多新的企业观很有价值。从其实施条件也可看出，供应链中的管理模式不是一个部门、一个企业自己就能执行的，供应链管理需要一种整体观。

本 章 小 结

延迟策略是为适应大规模顾客定制生产要求而采取的策略。具体是将产品的最后制造和配送延迟到收到客户订单后再进行，以减小预测风险。它包括两种策略：生产延迟、物流延迟。

先进的供应链管理方法为实现供应链快速、高效、低成本运作提供技术支持。QR 以快速、准确的信息沟通为基础，加快了对客户需求的响应速度，通过零售商、制造商和供应商之间的相互配合，既降低了整个供应链的存货水平，又提高了服务水平。其最重要的作用是，在降低供应链总库存和总成本的同时提高销售额。

ECR 以提高消费者价值、提高整个供应链的运作效率、降低系统的成本为目标，强调整体供应链的合作，最有效地满足消费者日益多元化和个性化的消费需求，从而提高企业竞争能力。

供应链下的生产管理强调思维的方式由传统、封闭的纵向思维向透明、开放的横向思维转变。协同规划、预测与连续补货(CPFR)是供应链环境下生产计划与控制的新方法，能够在生产商和销售商等供应链成员之间实现协同式供应链管理。

复习思考题

1. 延迟策略的含义是什么？
2. 快速反应和有效客户反应出现的背景是什么？
3. 快速反应的含义、特点各是什么？
4. 快速反应的实施步骤有哪些？

5. 有效客户反应的含义和特点各是什么？
6. 有效客户反应系统的构建需要哪些要素？
7. 协同规划、预测和连续补货的本质特点是什么？
8. 如何实施协同规划、预测和连续补货(CPFR)？

【讨论案例】

ZARA 企业供应链的 QR

从遥远的西班牙到中国，ZARA 保持了从设计到销售只需 15 天的神话。而在国内，以快捷的供应链反应速度而著称的美特斯邦威集团有限公司(以下简称"美特斯邦威")完成这一过程目前则需要 80 天。当 ZARA 把战略的触角伸到中国，其极速供应链的神话居然得以神奇地延续。

1. 中国门店

在上海南京西路的 ZARA 店里，店长迪维娜(Devina)总是带着一台定制的手持式 PDA 在店里巡视。尽管这台 PDA 样式小巧，却内置了 ZARA 总部标准的订货系统和产品系统等模块，而且它还能帮助迪维娜与西班牙总部保持密切的联系。在 ZARA，每个门店经理拥有向总部直接订货的权力，因此，当迪维娜在自己门店的系统里发现某种产品库存不足时，通过与宽带连接的 PDA，她可以看到西班牙总部的建议订量，再根据自己对当地市场的判断，向总部发出订单。值得一提的是，ZARA 西班牙总部的建议订量，是综合了各门店每天传送的销售数据，以及产品经理对当地市场的预估，再加上对历史销售数据的综合分析而得出的。

这种通畅沟通的机制以及对单个门店强化管理的意义不言而喻，它能让遥远的 ZARA 西班牙总部精准地知道中国的市场信息。在 ZARA 的中国旗舰店刚开业时，很多服装的尺寸都偏大，适合亚洲人身材的 S 号往往在进货当天就被抢光。可是一个多月后这种情况得到了迅速的改观，当记者再次来到 ZARA 店时，发现很多款式都提供了充足的小号(S)和加小号(XS)。显然，ZARA 总部对中国市场做出了快速的反应。

一张订单从中国发出后，最快能在多长时间内得到响应？通过 ZARA 南京西路店的特别订单服务，我们可以推算出 ZARA 的快速反应速度。"最快三天！"一位店员告诉记者。ZARA 的特别订单服务相当于国际调拨功能，当顾客看中某款衣服而门店缺货时，可以向 ZARA 的门店经理申请免费的特别订单服务。迪维娜将通过手持 PDA 发出订单，在总部不缺货的情况下，从订单开始网上旅行直到货物送达门店，最快只用 3 天时间，便可以让顾客得到满意的服装。

对迪维娜来说，ZARA 订货和配送的节奏是非常规律的。每周二和周四，她会根据门店的销售情况和西班牙总部的建议订货量，向西班牙总部下订单。而每周三和周六，是固定的到新货的日子，通过位于外高桥的第三方物流机构，将西班牙总部发出的货物及时地送到 ZARA 的门店。保持供应链的单一节奏，也是 ZARA 被奉为经典的管理特色，"它使得整个供应链能够以一个既快速又可以预测的节奏运行"，《哈佛商业评论》(HBR)指出，这种模式在中国同样被复制，因此和全球任何一个 ZARA 门店经理一样，迪维娜能准确地知道到货时间，货物从西班牙总部的物流中心发出后，48 小时之内抵达中国。

2. 西班牙总部

每天，当位于西班牙西北部拉科鲁尼的 ZARA 总部收到来自中国的数据后，各部门会根据自己的需要去分解这些信息，借以对中国市场做出判断。这些数据都是大量的原始信息，细致到每款商品卖了几单、尺码、颜色、数量、卖出时间、支付方式、折扣信息、价格调整等。几乎每个国家的门店每天都会向西班牙总部传送销售数据。因此 ZARA 总部的信息化平台异常强大，它不仅可以处理来自各个国家的数据并做出分析，同时也支撑着 ZARA 在全球业务的高速运转。

在 ZARA 的设计团队里，这些数据可以帮助他们针对亚洲市场进行设计。和其他一些进入中国的国外品牌不同，ZARA 的所有设计目前都集中在西班牙总部。由于远离中国，因此从信息系统传来的中国的销售和库存信息显得至关重要，它可以供总部分析畅销或滞销产品的款式、花色、尺码等，同时可作为新产品的设计参考。值得一提的是，为了更贴近市场，ZARA 采用了由买手、设计、市场专员组成商业团队的设计模式。而 ZARA 的设计师经常会飞到中国，和买手一起参与对供应商的一些谈判。

ZARA 强大的设计能力在业界已经有口皆碑，据一份报告显示，ZARA 每年设计的新品将近 4 万款，公司从中选择 1 万款投放市场。"小批量、多品种"是 ZARA 借鉴丰田汽车公司(以下简称"丰田汽车")生产模式的结果。丰田汽车创造这种模式旨在"将库存可能导致的生产过剩的无效劳动和浪费，以及管理这些库存的人员、土地建筑物的负担完全消除"。而在"库存是服装业的敌人"的定律下，丰田模式让 ZARA 降低了库存风险，并且应对市场变化时更加灵活了。

据介绍，设计方案敲定后，ZARA 在公司高度自动化的剪裁设备上完成剪裁，然后这些布料被送到西班牙或者葡萄牙的一些小型加工厂进行缝制，ZARA 为这些工厂提供了一系列容易执行的指令，使得它们快速地缝好衣服。

(资料来源：http://www.chinamanager.net)

〖问题讨论与思考〗

1. ZARA 公司 QR 策略的成功条件是什么？
2. ZARA 公司实施 QR 后的效果体现在哪几个方面？
3. 通过 ZARA 公司的案例，分析 QR 对企业提高竞争力的重要作用有哪些。

第十一章　供应链管理方法：快速反应(QR).mov

第十二章　供应链风险管理

学习要点及目标

1. 理解供应链风险的含义与来源。
2. 掌握供应链风险的类型。
3. 理解供应链风险的识别。
4. 掌握供应链风险管理与防范。

核心概念

风险　　风险管理　　供应链风险　　供应链风险管理　　供应链风险防范

【引导案例】

日本汽车零部件巨头产品质检数据造假

2021年2月18日,据央视财经报道,日本汽车零部件供应商曙光制动工业株式会社(以下简称"曙光制动")近日承认,经公司内部调查后发现,其产品质检数据中有114 327项存在篡改等造假行为。这其中,大约有5000项没有达到与汽车厂商约定的标准值,而这类"缺陷"零部件仍正常交付给了合作车企。曙光制动是丰田、本田、马自达、日产等10家日本汽车制造企业的零部件供应商。其中,丰田公司是其最大股东,持股比例超过11%。

针对此事,曙光制动相关负责人回应称,涉事零部件波及10家日系车企,但具体名称无法公开。另外,造假事件对该公司业绩的直接影响也尚未预计。不过,该负责人表示,这些车企重新检查后都认为产品性能没有问题,所以曙光制动以及相关车企目前都没有召回的计划。同时,调查还发现,曙光制动之所以出现造假,其原因在于内部监管机制不健全,以及对品质、检查数据的合规意识淡薄等。对此,曙光制动表示,公司已向日本国土交通省等主管部门提交了调查报告,并对董事长宫地康弘在内的全体执行董事和专职监事处以月薪10%的罚款,为期三个月。

曾以"工匠精神"闻名于世的日本汽车制造业,由于汽车零部件供应商曙光制动的数据造假,对于整个日本的汽车行业和汽车行业供应链而言,造成了极大的风险危机。

(案例来源: 21IC中国电子网,https://www.21ic.com/article/887560.html)

第一节　风险管理概述

一、风险的含义和特征

(一)风险的含义

风险(Risk)的基本含义是损失的不确定性。但是,对于这一基本概念,在经济学家、统计学家、决策理论家和保险学者中尚无一个适用于他们各个领域的一致公认的概念。在各种观点中，有两种较为特殊并被人们广泛采用：一种观点认为风险是指损失发生的不确定性。这种不确定性包括损失发生与否的不确定和损失程度的不确定。不确定性的程度可以用概率来描述。概率为 0 表示肯定不发生，概率为 1 表示肯定发生。保险中所讲的风险通常就是这一概念。第二种观点认为风险是指预期与结果的偏差(或偏离)，风险的大小决定于损失(X)的期望值(EX)和均方差。在财务管理和投资管理中经常用期望和均方差来定量分析风险所带来的损失程度。

(二)风险的特征

1. 客观性

风险的客观性是指风险是客观存在着的某种自然现象、生理现象和社会现象，是独立于人的意识之外的客观事实，而不是人们头脑中主观想象或主观估计的抽象概念。所谓自然现象是指台风、地震、洪水等自然界不规则运动的表现形式；客观存在的生理现象是指人的生、老、病、死等生命运动的自然表现；而客观存在的社会现象是指战争、盗窃、政变及恐怖事件等。正是由于风险具有客观性，使得人们直到现在只能在有限的空间和时间内控制风险，降低其发生的频率和减少其损失程度，而不可能完全消除风险。

2. 损失性

只要风险存在，就一定有发生损失的可能，所以凡是风险都可能会给人们的利益造成损失。经济上的损失可以用货币衡量，但一般都表现为所得的减少，或支出的增加，或者两者兼而有之，终究还是经济上的损失。

3. 不确定性

风险的不确定性通常包括：一是损失是否发生不确定；二是损失发生时间不确定；三是损失发生空间不确定，如建筑物都有面临火灾的可能，但具体到哪一幢建筑物发生火灾是不确定的；四是损失程度不确定，如地震在海上或荒无人烟的地方发生损失就较小，在人口密集的城市发生损失就非常大。

4. 可测性

风险的不确定性说明风险是一种随机现象，是不可预知的。对于大量同类风险，损失的发生呈现统计规律性。也就是说，根据数理统计原理，对一定时期内特定风险发生的频率和损失率，可以依据概率与数理统计的方法加以测定，这就为保险费率的厘定奠定了科学基础。

5. 可变性

随着人类社会的发展、科学技术的进步，有些风险在一定空间和时间范围内被消除，如天花。但有些风险却被人们创造出来，如向太空发射卫星，向外层空间发送太空飞船等，带来了航空航天风险。建立核电站带来了核污染、核泄漏和核爆炸的风险。

二、风险的分类

风险多种多样，不同的风险有着不同的性质和特点，它们发生的条件、形成的过程和对人类造成的损害是大不相同的。为了便于对各种风险进行识别、测定和管理，对种类繁多的风险按照一定的方法进行科学分类是十分必要的。

(一)按风险产生的形态分类

根据美国学者威利特(A. H. Willett)的观点，按风险发生的形态，可将风险划分为静态风险和动态风险。

(1) 静态风险(Static Risk)是指在社会政治经济正常的情况下，由于自然力的不规则运动或人们行为过失或错误判断等导致的风险。例如，雷电、暴风、地震、霜害等自然原因的风险；火灾、经营不善等人为疏忽产生的风险；盗窃、纵火、欺诈等不道德行为的风险。静态风险一般与社会经济和政治变动无关，在任何社会经济条件下都是不可避免的。

(2) 动态风险(Dynamic Risk)是指由于社会经济结构变动或政治变动而产生的风险。例如，生产方式和生产技术的变动、消费者偏好的变动、政治经济体制的改革等引起的风险。

静态风险与动态风险的主要区别在于：第一，静态风险的风险事故对于社会而言一般有实实在在的损失，而动态风险的风险事故对于社会而言不一定都有损失，即可能对部分社会个体(经济单位)有益，而对另一部分个体则有实际的损失；第二，从影响的范围来看，静态风险一般只对少数社会成员(个体)产生影响，而动态风险的影响则较为广泛；第三，静态风险对个体而言，风险事故的发生是偶然的、不规则的，但就社会整体而言，可以发现其具有一定的规律性，然而动态风险则都很难找到其规律。

(二)按风险的性质分类

美国学者莫布莱(A. H. Mowbray)根据风险的性质，将风险分为纯粹风险和投机风险。

(1) 纯粹风险(Pure Risk)是指只有损失可能而无获利机会的风险。例如，航行中的海轮发生触礁、货物遭受火灾的风险，船东和货主只会遭受经济损失，而绝不会有利益可得。

(2) 投机风险(Speculative Risk)是指既可能造成损失，也可能产生收益的风险。例如，投资有价证券，证券价格的下跌可能使投资者蒙受损失；但是，证券价格的上涨却可使投资者获得利益。这种风险带有一定的诱惑性，可以促使某些人为了获利而甘冒这种损失的风险。在保险业务中，投机风险一般是不能列入可保风险之列的。在国际贸易中，物价的涨跌、汇率的变动，即所谓价格风险和汇率风险，都可使经营者获得好处，但也可能给他们带来损失。这种经营中的风险，通常也不是可以通过保险取得保障的。

(三)按风险危及的对象分类

按风险危及的对象，可将风险分为财产风险、人身风险、责任风险与信用风险。

(1) 财产风险(Property Risk)是指个人、家庭、企业或团体组织所有、使用或保管的财产发生损害、灭失或贬值的风险。如船舶沉没、货物被窃、新技术设备的出现引起旧技术设备贬值等的风险。

(2) 人身风险(Personal Risk)是指由于疾病、意外伤害造成死亡、伤残等原因而遭受损失的风险。

(3) 责任风险(Liability Risk)，又称第三者责任风险，是指由于个人或团体的过失或侵权行为导致他人的财产损失和人身伤亡，在道义上、法律上负有经济赔偿责任的风险。此外，由于专业技术人员的疏忽、公共场所存在的内在缺陷、产品质量低劣都可导致损失。

这种种可能导致损失的风险，均属责任风险范畴。

(4) 信用风险(Credit Risk)是指人们在经济往来中，当事人之间，由于一方违反约定而导致另一方经济损失的风险。例如在国际贸易中，卖方不知在交货后买方是否一定会按期支付货款，导致卖方面临信用风险。

(四)按风险发生的原因分类

按风险发生的原因，可将风险分为自然风险、社会风险、政治风险和经济风险。

(1) 自然风险(Natural Risk)是指由于自然现象或物理现象所导致的风险。例如，洪水、地震、暴风、海啸、泥石流等。自然风险有如下特征：自然风险的产生具有不可抗拒性；自然风险的发生具有周期性；自然风险一旦发生波及范围广。

(2) 社会风险(Social Risk)是指由于个人或团体的行为，包括过失行为、不当行为及故意行为对社会生产及人们生活造成损失的可能性。例如，盗窃、抢劫、玩忽职守以及故意破坏等行为对他人的财产或人身造成损失或损害的可能性。

(3) 政治风险(Political Risk)又称为国家风险，它是指在对外投资和贸易过程中，因政治原因或订约双方所不能控制的原因，使债权人可能遭受损失的风险。例如，因输入国家发生战争、革命、内乱而中止货物进口；或因输入国家实施进口或外汇管制，对输入货物加以限制或禁止输入；或因本国变更外贸法令，使输出货物无法送达输入国，造成合同无法履行而形成的损失，等等。

(4) 经济风险(Economic Risk)是指在生产和销售等经营活动中由于受各种市场供求关系、经济贸易条件等因素变化的影响，或经营者决策失误，对前景预期出现偏差等，导致经济上遭受损失的风险。例如，生产的增减、价格的涨落、经营的盈亏等方面的风险。

(五)按风险是否可保分类

按风险是否可保，可将风险分为可保风险与不可保风险。

(1) 可保风险(Insurable Risk)是指可以通过保险的方式加以管理和分散的风险。可保风险必须是纯粹风险，但也并非任何纯粹风险均可保，也就是说保险公司可承保的风险是要具备以下条件的。

① 必须是纯粹风险。即仅有损失可能而无获利可能的风险。

② 风险必须是偶然的。风险的偶然性是对个体标的而言的，因总体风险是客观存在的。风险的偶然性包含两层含义：一是发生的可能性；二是发生的不确定性，即发生的对象、时间、地点和损失程度都是不确定的。

③ 损失的发生必须是意外的。意外风险是指非故意行为所致的风险和不是必然发生的风险。

④ 存在大量具有同质风险的保险标的。也就是说，风险必须是大量标的均有遭受损失的可能。因保险基金的积累需要真正大量的风险单位的事先准确度。准确预测只有在保险基金吸收了大量风险单位时才可以获得。尽管对确定大量风险单位的定义要依据许多因素，但其中最重要的因素是预测准确度所容许的、足够大的风险单位数量，通过大数法则计算危险概率和损失程度，确定费率。

⑤ 风险必须有发生重大损失的可能。风险的发生会导致重大或比较重大损失的可能，才有对保险的需求。如果导致损失的可能性只局限于轻微损失的范围，就不需要通过保险

来获取保障，因为这在经济上是不合算的。

⑥ 风险的损失发生概率必须是可测的。保险公司予以赔偿的损失必须是可测定的，否则许多为了确定损失发生与否及损失大小的纠纷(或官司)将会大量发生。

(2) 不可保风险(Non-insurable Risk)是指无法通过保险方式来管理与分散的风险。当然可保风险与不可保风险的界限是相对的，可以在一定条件下相互转化。事实上，随着社会经济和经营技术的提高，特别是保险的发展，可保风险的范围正在不断扩大。

三、风险管理

风险管理(Risk Management)是指人们对各种风险的识别、衡量和控制的主动行为。它要求人们研究风险发生和变化的规律，估算风险对社会经济生活可能造成损害的程度，并选择有效的手段，有计划、有目的地处理风险，以最小的成本获得最大的安全保障。

风险管理的方法有很多，但最常用的有回避、自留、预防、抑制和转移。

(一)风险回避

风险回避(Risk Avoidance)，是指主动避开损失发生的可能性。它适用于应对那些损失发生概率高且损失程度大的风险。该方法可以将风险降为零，但这是一种处理风险的消极方法。这种方法存在两个缺陷：一是不可能回避所有风险，且回避风险的成本有时很高；二是回避一种风险的同时，会带来另一种风险。如不坐飞机避免了空难风险，但可能面临车祸风险。

(二)风险自留

风险自留(Risk Retention)，是指自己非理性或理性地主动承担风险。"非理性"是指对损失发生存在侥幸心理或对潜在损失程度估计不足从而暴露于风险之中；"理性"是指经正确分析，认为潜在损失在承受范围之内，而且自己承担全部或部分风险比购买保险更经济合算。所以，在做出"理性"选择时，风险自留一般适用于应对发生概率小，且损失程度低的风险。

(三)风险预防

风险预防(Risk Prevention)，是指风险事故发生前为了消除或减少可能引起损失的各项因素所采取的具体措施。风险预防通常在损失频率高且损失程度低时采用。预防风险通常有两种方法：一是工程物理法，是指损失预防措施侧重于风险单位的物理功能改进的一种方法，如防火结构设计、防盗装置的安装等；二是人类行为法，是指损失预防侧重于人们行为教育的一种方法，如职业安全教育、消防知识培训等。

(四)风险抑制

风险抑制(Risk Control)，是指在风险事故发生时或发生后，采取措施减少损失发生的范围或损失程度的行为。风险抑制的重点在于减少损失发生的程度，方法通常有两种：一是分割风险单位，即"化整为零"，而不是将它们全部集中在可能毁于一次损失的同一处，如波音公司在世界各处的几家工厂同时生产同一部件；二是复制风险单位，即通过增加风险单位数量来分散风险,如企业设计两套会计记录、配备后备人员、储存设备的重要部件等。

(五)风险转移

风险转移(Risk Transfer),是指一方(转移方)向另一方(受让方)转移支付行为,从而把风险转嫁出去的一种方法。风险管理者会尽一切可能回避并排除风险,把不能回避或排除的风险尽可能地转移给第三方。风险转移的方式主要有两种:保险转移和非保险转移。保险转移是指向保险公司投保,以交纳保险费为代价,将风险转移给保险人承担,当发生风险时,由保险人按照合同约定责任给予经济补偿。非保险转移又分为出让转移和合同转移,前者一般适用于投机风险,如当预测股市行情要下跌时,赶快出让手中的股票,从而把股票跌价损失的风险转移出去;后者主要适用于企业将具有风险的生产经营活动承包给对方,并在合同中明确规定由对方承担风险损失的赔偿责任。

第二节 供应链风险管理概述

一、供应链风险的含义与分类

(一)供应链风险的含义

供应链风险不仅产生于供应链的内部,同时也是外部风险严重混乱的外在表现。外部风险可能来自自然灾害、战争、恐怖主义、流行性疾病等。内部风险主要指构建和管理供应链的风险。外部风险不受管理行为的控制,但是内部风险却受到控制。

2000年,供应链风险概念研究者认为供应链风险存在于任何制造企业中,并提出了下列关键的供应风险:供应商经营风险、供应商的生产力约束风险、质量风险、生产技术变化风险、产品设计变化风险及各种灾害风险。2002年,克兰菲尔德管理学院(Cranfield School of Management)把供应链风险定义为供应链的脆弱性,供应链风险因素的发生通常导致降低供应链运行效率,增加成本,甚至导致供应链的破裂和失败。2003年,哈兰供应链风险归纳为战略风险、作业风险、供应风险、客户风险、资产损伤风险、信誉风险、制度风险和法律风险等。2004年,德勤(Deloitte)咨询公司在其发布的一项供应链研究报告中提出,供应链风险是指对一个或多个供应链成员产生不利影响或破坏供应链运行环境,而使得达不到供应链管理预期目标甚至导致供应链失败的不确定因素或意外事件。

综上所述,供应链风险是供应链偏离预定管理目标的可能性。供应链风险是客观存在的、普遍存在的,是不以人的意志为转移的,人们可以控制它、改变它,但不能消灭它。供应链风险是一种潜在的威胁,它具有独特的放大效应,不只是影响某一个企业,而且会利用供应链本身的脆弱性,给上下游企业带来损害和损失。

(二)供应链风险的来源和影响因素

供应链脆弱性而导致的供应链风险总是存在于供应链各环节,当前可能会增加风险水平的影响因素主要包括以下几个。

(1) 供应链的全球化运作。交通、通信技术的发展使得现今的生产营销活动已经不仅仅局限在一个国家的范围之内，到达消费者手中的产品可能是经由在多个国家进行原料采购、生产配件、组装结合的产物。全球范围的运作大大增加了供应链的风险。

(2) 产业外包。外包是企业为维持组织竞争核心能力，且因组织人力不足的困境，可将组织的非核心业务委托给外部的专业公司，以集中精力提升核心竞争力。然而，在现实中，由于企业对于外包业务的控制力被削弱产生了许许多多的风险，常常会由于供应链上某一环节的失败导致供给故障。

(3) 采购来源单一化。通过削减企业的供应商数量，可以保证供应商的质量，同时能够和有实力的供应商建立长期稳定的战略联盟也是提升企业竞争力的好策略。然而伴随着采购来源的单一化而来的也有许多风险：企业对供应商的依赖性过大，一旦供应商运营或双方合作出现问题，会对企业造成极大的不良影响。

(4) 需求的波动。当今的经济条件下，消费者的需求多种多样，具有不确定性，波动较大。对消费者的需求预测也是企业进行生产经营的重要一环，如果不能对消费者需求进行准确的预测，会直接影响企业生产和销售计划的实施。

(三) 供应链风险的分类

由于供应链自身的复杂性和风险因素众多的原因，必然导致供应链风险的复杂性特征。为了全面深入地认识供应链风险，并有针对性地进行管理，有必要对供应链风险的分类进行了解。

1. 按照风险存在的周期划分

按照风险存在的周期，供应链风险可以划分为长期风险和短期风险。

(1) 长期风险，也叫战略风险，是指短时间内对企业供应链可能没有什么不良影响，甚至是有利的，但长期来看可能会给企业造成损失的供应链风险。在供应链管理运作中招标、外包与战略伙伴关系建立时，既要充分认识其能够带来的好处，也不能忽视其带来的风险。例如，外包的好处是让企业集中力量于核心能力、简化企业结构、节省投资、缩短市场反应时间、充分利用合作企业的优势资源与能力等，但是外包会增加对合作伙伴的依赖，供应商的机会主义行为带来危害的可能性增加，外包不当还会造成核心能力丧失。IBM公司在 PC 生产上的外包，使新兴的竞争对手乘势而起，就是一个例子。

(2) 短期风险，也叫战术风险，是在一个相对较短的时间内，甚至是一个合同的执行期内，供应链存在偏离预定目标的风险。战术风险是日常供应链管理控制的重点。

2. 按照供应链管理目标划分

供应链管理的主要目标可以归纳为三个方面。成本目标，节约成本是供应链管理的根本；时间目标，供应链管理要求在正确的时间把正确数量的正确商品送到正确的地点，交给正确的下游客户(时间目标包含数量、地点目标)；质量目标，质量目标要求供应链中流动的是符合质量要求的产品，一方面采购来的原材料、制造厂制造出来的最终产品是合格的，另一方面，在产品的搬运、储存过程中还必须保证产品不发生质量变化或损坏，达到合乎要求的客户服务标准。根据供应链管理的三大目标，供应链风险可以分为时间风险、成本风险和质量风险。

(1) 时间风险，如交货延误和供应短缺。

(2) 成本风险，如运行效率不高造成的浪费或行为失误导致的损失。

(3) 质量风险，如物流过程中的产品损坏变质。

3. 按照供应链系统构成划分

供应链是一个多参与主体、多环节的复杂系统，按照系统构成，供应链风险可以划分为系统环境风险、系统结构风险、行为主体风险及行为主体之间的协作风险，如图12-1所示。

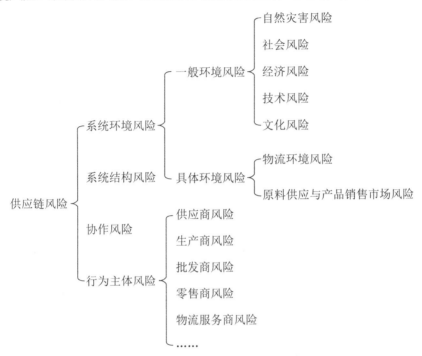

图 12-1　按照供应链系统构成对供应链风险分类

(1) 系统环境风险，指由环境因素导致的风险。系统环境可以分为一般环境和具体环境，系统环境风险也相应地分为一般环境风险和具体环境风险。具体环境风险包括供应链所在地区的物流环境、原料供应形势、产品销售行情等变化形成的供应链风险。具体环境是企业赖以生存和发展的，与企业的经营管理有直接关系的系统环境。具体环境因素风险是企业供应链的主要风险，是供应链风险管理与控制的关键。

(2) 系统结构风险，指供应链的结构设计不合理可能造成的供应链风险。以最终产品配送为例，如果配送网络设计不合理，就会造成有限的货物在有些地区的渠道中积压，而在另外的地区却出现短缺，不能满足订单需求，或是配送费用偏高，效率低下。供应链风险沿着供应链的结构向下游传递，好的供应链结构能够吸收风险的影响，而不好的结构能扩大风险的影响和风险后果。

(3) 行为主体风险。参与供应链活动的行为主体包括提供原辅材料和服务的供应商、生产商、批发商、零售商以及物流服务商等。行为主体风险就是由供应链活动参与行为主体的责任造成的风险。各参与主体各自的利益和目标各不相同，各自对任务的理解和采取的行动方式不同，各个企业的管理水平、人员素质、企业信誉也不同。按照行为主体，供应链风险可以划分为供应商风险、生产商风险、批发商风险、零售商风险、物流服务商风险等。

(4) 协作风险。供应链是一个多参与主体的复杂系统，不可参与主体之间不能很好地沟通协作形成的供应链风险称为协作风险。协作风险有很多种表现形式，例如，合作伙伴间不同的企业文化和管理模式发生冲突、合作伙伴的流动性改变、伙伴的投入与承担的风险和获得的收益不相称、伙伴间沟通联络的渠道不通畅、合作协议有漏洞致使合作各方权责不明、核心技术或关键信息外泄、合作伙伴采取的技术思想和技术水平不同而导致技术衔接问题、伙伴间的数据统计口径和时限不一致造成信息传递不顺或失真、信息系统安全问题、违约信用风险等。

4. 按照供应链的过程划分

供应链全过程可以分为采购、生产、配送、退货几个阶段，相应的供应链风险可以划分为采购风险、生产风险、配送风险、退货风险。

5. 按照风险来源划分

考察形成风险的各种因素，有人的原因、管理的原因、设备的原因、产品本身的原因、环境的原因，相应地可以把供应链风险分为人为原因的风险、管理不当的风险、设备造成的风险、产品本身原因的风险、外部环境造成的风险。

(1) 人为原因的风险，是指由于参与供应链相关活动的人素质不高、经验不足、能力不够、行为不当或协调不好造成的供应链风险。这里的人可以是企业内部的，也可以是供应商或批发商、零售商。人的因素是供应链风险管理中最关键、最活跃、最主动的因素。

(2) 管理不当的风险，是指由于供应链管理方法不当、措施不力以及决策失误、规划计划错误造成的供应链风险。

(3) 设备造成的风险，是指由于设备的低效率或故障造成的供应链风险。供应链相关的设备包括供应链支持系统的设备(如供应链管理信息系统)，也包括运输、仓储、搬运甚至生产设备，设备的性能和运行表现直接影响供应链管理目标的实现。

(4) 产品本身原因的风险，是指由于产品本身的特殊性造成的供应链风险。供应链中不同类型的产品对供应链性能的要求是不同的。如保鲜品要求必须在限定的时间内送达，对运输、保管、搬运过程有特殊要求的，对保鲜商品的运输配送造成质量风险的可能性就大。

(5) 外部环境造成的风险，是指由外部环境不正常变化造成的风险。

二、供应链风险管理的内涵

尽管人们开始逐渐重视供应链风险问题，并借助一般风险管理理论开展对供应链风险的管理，但对供应链风险管理的概念研究很少，也没有形成统一认识。

英国克兰菲尔德大学克兰菲尔德管理学院 (Cranfield School of Management)是较早给出供应链风险管理定义的研究机构之一，其对供应链风险管理的定义为：识别和管理供应链风险，协调供应链成员从整体上减少供应链的脆弱性，从而消除、减轻和控制供应链风险。

Deloitte 管理咨询公司于 2004 年发布的一项供应链风险管理研究报告中提到了供应链风险管理的概念，认为：供应链风险管理是一个贯穿于供应链运作的始终而寻求整体优化战略、业务流程、人力资源、技术与知识的构造和协同过程。它的目标是为达到供应链的安全持续运行,实现供应链整体利润最大化而控制、监督和评估供应链风险。

Tang(2006)在其《供应链风险管理的思考》一文中,将前两者对供应链风险管理的定义结合起来,给出的供应链风险管理定义为:通过供应链成员之间协调或协作管理供应链风险,以便确保营利性和连续性。

宁钟在其《供应链脆弱性的影响因素及其管理原则》一文中,把供应链风险管理定义为:通过供应链成员之间的协作,识别和管理供应链内部风险和外部风险,来降低整体供应链的脆弱性。

鉴于英国克兰菲尔德大学克兰菲尔德管理学院给出的供应链风险管理的定义更加直观,易于理解,因而本教材将直接使用该定义。

三、供应链风险管理过程

供应链风险管理过程由马丁·克里斯托弗提出,包括理解供应链、改善供应链、确定关键路径(节点和连线)、管理关键路径、提高供应链的可见性、建立供应链连贯性小组、与供应商及客户协同工作七个环节,如图12-2所示。

(一)理解供应链

要确保企业里面所有部门,以及本企业供应链上所有有联系的部门都能够对"供应链"的内容和目标有共同的理解。

事实上,许多企业都对更宽广的供应链供需网络缺乏认识,而只是局限于网络中的一小部分。它们非常关注通向市场下游的一系列客户,也比较了解这些客户,但对上游的一系列供应商却绝非如此,尽管这种情况在逐渐改善。初级供应商们为了保持其连贯性,往往要依赖第二甚至第三层的供应商。因此,要降低管理风险,对供应链细致入微地理解是必需的,既要了解组成供应链网络节点的

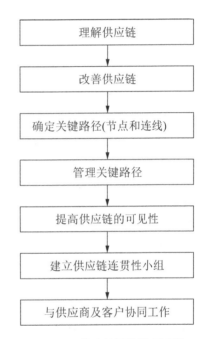

图 12-2 供应链风险管理过程

各种企业实体或者设施设备,如供应商、批发商、工厂和仓库等,又要了解组成供应链网络节点连线的各种要素,如物流、信息流或资金流等。供应链网络的强弱程度正是由这些节点和连线决定的。

(二)改善供应链

改善供应链即对供应链进行简化,提高过程的可靠性,降低多变性和复杂性。对于企业来说,可能很少全面计划和设计供应链,以至于多变性和复杂性一直困扰着供应链的正常运作。供应链的多变性表现在多个方面,包括需求的多变性、供应的多变性、生产过程的多变性以及渠道的多变性等,这些也意味着结果是不能被预测到的一个波动过程。供应链的复杂性也表现在多个方面,包括产品的生产品种、产品数量、零部件的数量、供应商和客户的数量以及他们的分布等。供应链的多变性和复杂性在很多方面增加了供应链风险。

在降低供应链的多变性和复杂性方面，常用的方法有六西格玛方法，它是一种非常有效的降低供应链多变性的手段，是一种数据驱动和进行持续改善的方法，寻求对过程的控制和提升过程的性能。整合则是一种有效优化供应链流程的手段，不仅可简化供应链系统结构以便于管理，更可以通过降低冗余及获取共享来有效地精简供应链规模。应用这些方法，在降低供应链的多变性和复杂性的同时，也降低了供应链的成本，提高了供应链的响应速度，增加了客户价值。

(三)确定关键路径

由于供应链网络的强弱程度是由其节点和连线决定的，而这些节点和连线又可能数以千计，因而，供应链风险管理的挑战就在于确定这其中哪些是"关键路径"。管理者必须有能力去明确需要进行管理和监督的关键路径，以确保供应链的连贯性。

在确定关键路径时要注意：①是否依赖于少数没有候补的关键供应商；②供应商的交货期是否在延长；③生产商的质量标准是否低于市场可接受水平；④对特定基础设施的依赖度是否过高；⑤是否为物流、生产、信息的瓶颈；⑥客户发展和管理过程是否处于监控之中；⑦供应商和客户是否高度集中；⑧是否为产业政策影响大的节点等方面的问题。

确定关键路径的核心工作即为供应链风险分析，具体包括风险识别和风险评估。风险识别就是要分析供应链的每一个过程环节、每一个成员企业及其所处的环境，找出可能导致供应链风险的各种因素，掌握每个风险事件的特征，确定风险源及相互关联。供应链风险识别要考虑供应链管理的目标，需要足够的信息和经验，需要使用一定的工具和方法。风险评估就是要采用一定的方法对供应链的各种风险分别进行估计或量化，并得出综合评估风险结果，通过与风险基准的比较以确定风险是否可接受。其目的在于确定那些发生概率较大及其危害严重的风险。

(四)管理关键路径

一旦关键的节点和连线确定下来，接着就是怎样才能降低或消除供应链风险。很显然，这一步骤应该包括制订应对风险事件的计划，一旦失败就要采取相应行动。情况极端严重的话，有必要重新设计供应链。也可采用合理的统计过程、控制方法来监控供应链上的关键环节。

管理关键路径的核心工作是风险处理。所谓风险处理就是在风险评估的基础上，对各种供应链风险进行有针对性的、合理的防范与控制。供应链风险的处理一般分为制定供应链风险防范对策、供应链风险处置和供应链风险控制与反馈三个过程。

制定供应链风险防范对策是指确定对于可能面临的各种风险，可以采取哪些不同的响应策略。一般来说，可以采用的主要策略有规避、控制、承受、转移、抑制等。供应链风险处置是指根据风险控制与反馈提供的信息，实施风险防范对策。其关键是采取果断措施，恢复供应链的正常状态。供应链风险控制与反馈是指实时监视供应链运行状态，捕捉对供应链有影响的突发事件，及时发现和预测供应链偏离预期目标的程度，并及时进行反馈，以便采取处理措施。

第十二章 供应链风险管理

(五)提高供应链的可见性

供应链的可见性要求和本企业供应链中的外部成员分享信息,然而,很多供应链的可见性是有限的,即网络中的某个实体在供应链中成长时,并不了解上下游的营业水平和存货流动情况。这样的话,问题往往要在几周或几个月之后才能被发现,此时可能因为太迟而无法采取有效的行动。

提高供应链可见性的方法有很多,可以采用改变供应链中某些环节的管理模式的办法(如调整电子采购策略),可以采用无线射频标识技术(RFID)、全球定位系统技术(GPS),也可以与合作伙伴紧密合作来达到 "可见性"的目标。

(六)建立供应链连贯性小组

供应链风险管理的前述几个步骤都需要人来完成,因此建立一个长久的供应链连贯性小组是非常必要的。尽管很多企业早已在合适的地方建立了企业连贯性小组,但它们的关注范围往往很有限,主要集中在电子商务系统方面。其他企业则主要通过财务状况来反映风险。所有这些活动都是必需而且非常重要的。考虑到经营连贯性的最大风险位于更广阔的供应链中,这些小组应该扩大它们的关注范围,将视野拓展到与供应商、客户的各种往来业务活动中。

从理论上来讲,这些小组应是多功能的,它们应该具备一切必要的技能,以保证它们能够成功完成那些错综复杂的分析,顺利执行供应链风险管理的过程,实现供应链风险管理的目标。小组应该编制一本"风险花名册",记录可能的薄弱点,以及为了减少风险而准备采取的措施。同时,为了确保供应链风险管理可以得到最大的优先权,小组应该向决策层经理汇报工作。

(七)与供应商及客户协同工作

协同是指系统的各部分之间互相协作,使整个系统形成新的结构和特征。因此,在供应链系统中,协同是供应链业务流程顺畅连续的一种运作模式,是有效利用和管理供应链资源的一种手段,也是每个企业、供应商及客户行动的准则。尽管供应链上的所有环节都可以高效运转,使产品或服务以可预见的方式传递到消费者手中,但只有通过本企业与供应商及客户的共同努力,协同工作,才能使整条供应链的响应速度更快,更具有预见性,更好地共同抵御各种风险。因此,如果每个企业都能负责地同其供应商和客户合作,共同执行供应链风险管理过程,供应链风险管理就会落到实处。

供应链各个成员企业之间协同工作的方式多种多样,既可以在硬件方面进行协同,如资产协同、技术协同等,又可以在软件方面进行协同,如组织协同、信息协同、管理协同等。

四、供应链风险识别

供应链从其诞生之日起就因其信息共享、凝聚各企业核心竞争力,能够对市场需求做出快速响应,有效配置和优化资源,减少不必要的流通环节,降低成本,提高顾客满意度,提高企业参与全球经济一体化的竞争能力，而受到企业界和学术界的追捧。在供应链这个规模庞大、结构复杂的组织中，任何一个环节出现风险，都会对整条供应链带来不可估量的损害。

1. 德尔菲法

德尔菲法又称专家意见法，是一种比较简单、容易操作又很实用的方法。它是美国著名咨询机构兰德公司于20年代初发明的，此后德尔菲法被广泛应用到各种预测和决策过程中。在进行风险识别时，特别是涉及原因比较复杂，影响比较重大而又无法用分析的方法加以识别的风险时，德尔菲法是一种十分有效的风险识别方法。运用德尔菲法进行供应链风险识别一般可采取以下程序：①供应链风险管理主体(机构)首先制定出风险调查方案，确定风险调查内容。②聘请若干名专家，由供应链风险管理人员以发调查表的方式向他们提出问题，并提供供应链运营的有关资料。这里专家人员的组成应最好是有不同领域的行家，提供的资料应该全面，特别是有关供应链运营流程方面的资料。③专家们根据调查表所列问题并参考有关资料相应地提出自己的意见。④风险管理人员汇集整理专家们的意见，再将不同意见及其理由反馈给每位专家，让他们第二次提出意见。⑤多次反复使意见逐步收敛，由风险管理人员根据实际需要决定在某点停止反复，得到基本上趋于一致的结果，最后汇总分析。

2. 财务报表法

财务报表法就是根据企业的财务资料来识别和分析企业每项财产和经营活动可能遭遇到的风险。财务报表法是企业使用最普遍，也是最为有效的风险识别与分析方法，因为企业的各种业务流程、经营的好坏最终体现在企业资金流上，风险发生的损失以及企业实行风险管理的各种费用都会作为负面结果在财务报表上表现出来，因此企业的资产负债表、损益表、财务状况变动表和各种详细附表就可以成为识别和分析各种风险的工具。供应链是由各企业组成的价值增值链，供应链风险的影响最终还是会落实到各成员企业中，并通过相应的财务报表反映出来，因此可借助财务报表法来识别和分析各企业中存在的风险，并通过归纳总结得到供应链的整体风险。

3. 事故树法

事故树法又叫故障树法，是分析问题时广泛使用的一种方法。它是利用图解的形式将大的故障分解成若干小的故障，或对各种引起故障的原因进行分解。由于某种原因分解后的图形呈树枝状，因而称故障树法。在对供应链风险识别时，故障树法可以将整个供应链所面临的主要风险分解成若干细小的风险，也可以将产生风险的原因层层分解，排除无关因素，从而找到真正产生影响的风险及原因。

4. 环境扫描法

环境扫描是一个复杂的信息系统，是搜集和整理供应链系统内部和外部各种事件、趋势的信息，了解并掌握供应链所处的内外环境的变化，辨别所面临的风险和机遇。通过环境扫描，一旦风险信号被捕捉到，必须马上进行分析，做出反应，并传递到后续风险管理阶段。环境扫描当前主要有三种模式：①非定期模式；②周期性模式；③连续性模式。

第十二章 供应链风险管理

5. 风险问卷法

风险问卷又称为风险因素分析调查表。风险问卷法是以系统论的观点和方法来设计问卷，并发放给供应链各节点企业内部各类员工去填写，由他们回答本企业所面临的风险和风险因素。一般来说，供应链各企业基层员工亲自参与到供应链运作的各环节，他们熟悉业务运作的细节情况，对供应链的影响因素和薄弱环节最为了解，可以为风险管理者提供许多有价值的、细节的有关局部的信息，帮助风险管理者来系统地识别风险，准确地分析各类风险。

6. SWOT 分析法

SWOT 分析法是一种环境分析法，所谓的 SWOT 是英文 Strength(优势)、Weakness(劣势)、Opportunity(机遇)、Threat(挑战)的简写。SWOT 分析的基准点是对供应链上合作伙伴的节点企业内部环境之优劣势的分析，在了解企业自身特点的基础之上，企业风险管理者通过分析企业内外环境条件对企业经营活动的作用和影响，以发现风险及可能发生的损失。

7. 情景分析法

情景分析法常常以头脑风暴会议的形式，来发现一系列主要的与经济、政治、技术、文化等相关的影响供应链表现的风险因素。这种方式可以识别世界将来发展的一个趋势。一旦某种趋势被识别出后，接着就要分析这种趋势对企业对供应链将会产生怎样的影响，然后发现一系列存在的或潜在的风险因素。从战略层次看，情景分析法对于识别由新技术的出现、产业结构的变动以及经济状况的变化等这些宏观环境所导致的风险特别有效。情景分析法也能被用在策略的层次来发现一些现存的风险因素，以及这些风险因素产生的影响。

8. 历史事件分析法

历史事件分析法是指通过分析历史风险事件来总结经验，进而识别将来可能发生的潜在风险。一般情况下，先收集一些产生不良后果的历史事件案例，然后分析总结导致这些事件发生的风险因素。这个分析过程也包括对那些在实际中没导致损失却暗示着潜在危机的事件的分析。例如，零部件出现短缺、客户需求突然发生变化、生产和产品质量出现问题等。它的缺点是重大风险事件是很少发生的，本供应链中并不存在足够的风险事例用来分析。而且只能识别那些已经发生过的事件的风险因素，容易忽视一些新的还没有出现过的重要风险因素，特别是那些与技术更新、行业实践和产业动态相关并没出现过的风险因素。

9. 流程分析法

供应链风险因素也可以通过分析供应链流程而识别出来，这种方法首先绘制出展现不同业务功能的供应链流程图，而且这个流程图必须足够详尽，包括从起点到终点的整个可供分析的供应链流程。这个流程图里的每一步都代表一个独立的业务流程，要弄清楚关于这个流程的细节，包括它的目的、如何进行、由谁来进行以及可能导致的失误。供应链流程图完成后，它就可以被用来分析并发现控制缺陷、潜在失效环节以及其他的薄弱环节，要特别留意那些不同的部门或组织的交接处可能产生的潜在风险。这个分析可以识别出那些并没有展示在现有流程中的被遗漏的控制程序。另外，它还可以识别出那些被错置的任务和职责，而它们可能导致流程错误或失控。流程分析法对于识别那些与不良执行相关的风险因素特别有效。与历史事件分析法不同，流程分析法可以在损失实际发生之前就识别出那些潜在的风险，它也可以帮助弄清这些潜在风险对整个供应链运行将会产生的影响大小。

五、供应链风险防范

1. 加强节点企业的风险管理

供应链从采购、生产到销售过程是由多个节点企业共同参与而形成的串行或并行的混合网络结构。其中某一项工作既可能由一个企业完成，也可能由多个企业共同完成。供应链整体的效率、成本、质量指标取决于节点指标。由于供应链整体风险是由各节点风险传递而成，因此，通过对节点企业风险的识别与判断，进行风险调整和优化，将大大加强整个供应链的风险控制。

2. 建立应急处理机制

供应链是多环节、多通道的一种复杂的系统，很容易发生一些突发事件，因此，必须建立相应的预警系统与应急系统。供应链管理中，对突发事件的发生要有充分的准备。对于一些偶发但破坏性大的事件，可预先制定应变措施，制定应对突发事件的工作流程，建立应对事件的小组。同时，要建立一整套预警评价指标体系，当其中一项以上的指标偏离正常水平并超过某一"临界值"时，发出预警信号。在预警系统做出警告后，应急系统及时对紧急、突发的事件进行应急处理，以避免给供应链企业带来严重后果。

3. 加强信息交流与共享

供应链企业之间应该通过建立多种信息传递渠道，加强信息交流和沟通，增加供应链透明度，加大信息共享程度来消除信息扭曲，比如共享有关预期需求、订单、生产计划等信息，从而降低不确定性，降低风险。一般来说，企业上下游间有先进的通信方式、及时的反馈机制、规范化的处理流程，供应链风险就小；反之就大。

4. 加强对供应链企业的激励

由于目前我国企业的社会诚信机制很不完善，供应链企业间出现道德风险是难以避免的。要防止败德行为的出现，就要尽可能消除信息不对称性，积极采用一定的激励手段和机制，使合作伙伴获取更大的利益，来消除对方的败德风险。

5. 优化合作伙伴选择

供应链合作伙伴选择是供应链风险管理的重要一环。一方面要充分利用各自的互补性以发挥合作竞争优势，另一方面也要考量伙伴的合作成本与敏捷性。合作伙伴应将供应链看成一个整体，而不是由采购、生产、分销、销售构成的分离的模块功能。只有链上伙伴坚持并最终执行对整条供应链的战略决策，供应链才能真正发挥成本优势，占领市场份额。选择合作伙伴须考察其综合素质，如合作伙伴所拥有的核心资源与地理位置、经营业绩、R&D、现场管理、质量体系、成本控制、用户满意度等，同时要求合作伙伴具有良好的商

第十二章 供应链风险管理

业信誉和信用水平。由于供应链战略联盟是建立在合同(或协议)基础之上的组织形式，单纯依靠合同规避风险仍然不够，供应链企业之间需强化基于合作利益有效分配的信任激励，一方面要保证供应链总收益分配中伙伴间的利益共享，即各成员间都"有利可图"；另一方面必须通过制定严格的标准和要求，约束各厂商的行为。恩威并施、双管齐下的激励措施必将大大降低供应链面临的道德风险，增进伙伴间的感情联络与合作信任，巩固战略合作伙伴关系。

6. 重视柔性化设计，保持供应链的弹性

供应链合作中存在需求和供应方面的不确定性，这是客观存在的规律。供应链企业合作过程中，通过在合同设计中互相提供柔性，可以部分消除外界环境不确定性的影响，传递供给和需求的信息。柔性设计是消除由外界环境不确定性引起的变动因素的一种重要手段。另外，当今供应链管理强调 JIT 方法，减少库存以降低成本，这种运作模式一旦遇到突发事件或需求有较大波动时就会显得缺乏弹性，因此在注重效率的同时仍应保持供应链的适度弹性。

7. 建立战略合作伙伴关系

供应链企业要实现预期的战略目标，客观上要求供应链企业进行合作，形成共享利润、共担风险的双赢局面。因此，与供应链中的其他成员企业建立紧密的合作伙伴关系，成为供应链成功运作、风险防范的一个非常重要的先决条件。

本 章 小 结

供应链管理为企业带来竞争优势的同时，由于内外部环境的不确定性，也增加了供应链风险。风险不仅具有不确定性，同时也是客观存在的，只要有供应链的活动的地方，就会有风险。全球一体化带来的影响是巨大的。2019 年年末的新型冠状病毒性肺炎疫情席卷全球，人们看到了供应链的风险以及供应链的脆弱性。积极地进行供应链风险防范和管理，对于企业和企业所在供应链具有积极的意义。

本章首先阐述了风险的含义与特征，以及风险的分类，然后解释说明了风险管理。在此基础上，引入了供应链风险的含义及其分类。英国克兰菲尔德大学克兰菲尔德管理学院对供应链风险管理的定义为：识别和管理供应链风险，协调供应链成员从整体上减少供应链的脆弱性，从而消除、减轻和控制供应链风险。接着论述了供应链风险管理的流程、供应链风险识别与防范。

复习思考题

1. 何谓风险和风险管理？
2. 风险的特征是什么？
3. 简述供应链风险的含义与分类。
4. 阐述供应链风险管理的方法。
5. 简述供应链风险管理的过程。

【讨论案例】

美国福特汽车的供应链风险管理

2018年5月2日，美国福特的一家关键零部件供应商Meridian在密歇根州的工厂发生火灾，直接导致福特三家工厂停产。造成停产事故的供应商Meridian，为福特和其他北美汽车制造厂提供镁产品。镁是一种轻金属，比铝还要轻，使用镁合金能减轻车身重量，并有助于提高燃料效率，所以备受各大汽车厂商青睐。但镁是一种非常危险的材料，容易引起自燃、爆炸和火灾。这次供应链风险影响最大的车型是F-150系列皮卡。F-150系列皮卡在2017年销售了近90万辆，全年创造了410亿美元的销售额，占福特公司总销售额的28%。

福特公司发言人凯利·费尔克(Kelli Felker)表示："由于Meridian供应的零部件短缺，从2018年5月7日开始，福特密苏里州堪萨斯城的卡车装配厂关闭，约有3400名工人暂时停工。"在5月9日，福特在迪尔伯恩的卡车工厂也被迫关闭，影响了大约4000名工人。F-150系列皮卡只在这两个工厂建造，也就是说该车型全线停产。

面对这场突如其来的供应危机，福特公司立即展开行动，力图恢复零部件供应。福特迅速组建了一支团队，负责翻新和重新安置生产汽车部件所需的模具。就在5月2日火灾发生的数小时后，这支团队已经到达了Meridian工厂附近待命，他们搭起了帐篷在这里过夜，只等火灾熄灭，得到消防局的准许后，冲进厂房内抢救出一些最重要的设备。

在危机之下，福特必须寻求一切能获得的援助，不管是从合作伙伴还是从竞争对手那边。当供应链断裂的事发生时，每个人都是你的朋友，即使你的竞争对手也是你的朋友。

在找遍了美国、加拿大、英国、德国和中国的各种资源以后，福特和Meridian很快找到了生产替代方案。但是福特最担心的还是镁产品的产能，这是一种高度专业化的金属，解除危机的关键是多快能够获得足够的生产能力。

福特在英国诺丁汉找到了一个替代工厂，接下来的任务是把从火灾中整理出来的19副冲压模具空运到英国，这些货物的重量达到40吨，一般的货运飞机无法一次承载这么大的运量。福特为此找到了一款战斗运输机——俄罗斯空霸Antonov An-124，简称安124。福特需要寻找一个可以让安124起降的机场，为此联络到了在俄亥俄州的哥伦布市的机场，随后的工作是协调好卡车和起重机，准备装货。

第十二章 供应链风险管理

数百名福特员工在全球范围内协调工作，在不到24小时内安排好一切事情，这已是一个非凡的成就了。5月8日，安124装载着40吨的货物从美国飞向英国诺丁汉，在那里进行关键零部件的生产加工。

随着零部件的供应回到正轨，福特公司宣布，F-150的生产于5月18日和21日，分别在迪尔伯恩和堪萨斯城的工厂恢复，超级载重卡车的生产也在21日复工。在停产10天以后，福特终于可以恢复F-150系列的生产，也为此次的断供事件画上了一个句号。

(资料来源：根据弘毅供应链专栏文章"供应链风险管理诗史级案例——拯救福特汽车"整理)

〖问题讨论与思考〗

1. 福特公司是如何应对此次供应链风险的危机的？
2. 在此次供应链风险中，福特公司有哪些做法值得借鉴？
3. Meridian是福特在美国的唯一供应商，在此次危机之后，福特在未来应该如何防范此类危机？

第十二章 供应链风险管理：
供应链风险管理的含义与意义.mp4

主要参考文献

[1] Chopra, Sunil, Peter Mcindl. Supply Chain Management: Strategy, Planning, and Operation. 2003.

[2] Christopher, Martin. Logistics and Supply Chain Management. 2011.

[3] Hammer, Michael, James Champy. REENGINEERING THE CORPORATION: A MANIFESTO FOR BUSINESS REVOLUTION. 1995.

[4] Fisher, M. What Is the Right Supply Chain for Your Product. Harvard Business Review, 1997, pp. 105-116.

[5] Abdur Razzaque, M and Chen Sheng, C. (1998), "Outsourcing of logistics functions: a literature survey", International Journal of Physical Distribution & Logistics Management, Vol. 28 No. 2, pp. 89-107.

[6] Gadde, LarsErik. Purchasing Management[M]// Inventory Management. Springer US, 2006.

[7] Giunipero L C, Hooker R E, Denslow D. Purchasing and supply management sustainability: Drivers and barriers[J]. Journal of Purchasing & Supply Management, 2012, 18(4): 258-269.

[8] Halevi G. Inventory Management and Control[M]// Industrial Management-Control and Profit. Springer International Publishing, 2014.

[9] Bagchi U, Guiffrida A, Liam O'Neill, et al. The Effect of RFID On Inventory Management and Control[M]// Trends in Supply Chain Design and Management. Springer London, 2007.

[10] Angelos B, Heasley M K, Humpherys J. Option Pricing for Inventory Management and Control[C]// American Control Conference, 2009. ACC '09. IEEE, 2009.

[11] Chalotra V, Andotra N. Ranking of Recompenses Apprehended through Proficient Inventory Management and Control in Cement Industry[J]. Journal of supply chain management systems, 2015.

[12] 罗伯特·M.蒙兹卡，罗伯特·J.特伦特，罗伯特·B.汉德菲尔德. 采购与供应链管理[M]. 北京：电子工业出版社，2008.

[13] 罗伯特·B.汉德菲尔德，王晓东，等. 采购与供应链管理[M]. 北京：电子工业出版社，2014.

[14] 卡洛斯·梅纳，罗姆科·范·霍克，马丁·克里斯托弗. 战略采购和供应链管理[M]. 北京：人民邮电出版社，2016.

[15] 苏尼尔·乔普拉等. 供应链管理[M]. 6版. 陈荣秋等译. 北京：中国人民大学出版社，2017.

[16] 乔尔·D.威斯纳著. 供应链管理[M]. 3版. 陈加，管理教材译丛. 北京：机械工业出版社，2014.

[17] 朴炯. 供应链管理实践——供应链运作参考模型(SCOR)解读[M]. 北京：中国物资出版社，2011.

[18] 卡普兰，诺顿. 平衡计分卡——化战略为行动[M]. 广州：广东经济出版社有限公司，2013.

[19] 马士华，林勇. 供应链管理[M]. 北京：机械工业出版社. 2019.

[20] 施先亮. 供应链管理[M]. 3版. 北京：机械工业出版社，2016.

[21] 王忠伟，庞燕. 供应链管理[M]. 北京：中国物资出版社，2009.

[22] 姜方桃，张敏. 供应链管理[M]. 北京：科学出版社，2016.

[23] 马翔，陈丽燕. 供应链管理[M]. 哈尔滨：哈尔滨工业大学出版社，2012.

[24] 刘宝红. 采购与供应链管理：一个实践者的角度[J]. 2版. 物流时代，2016，000(007)：88-89.

[25] 速卖通大学. 跨境电商物流[M]. 北京：电子工业出版社，2018.